パオロ・マッツァリーノ
Paolo Mazzarino

エラい人にはウソがある

論語好きの孔子知らず

さくら舎

目次◆エライ人にはウソがある――論語好きの孔子知らず

紀元前中華電視台《BCCTV》スペシャル大特番『ありのままの孔子』

第1章　歴史的に正しい孔子と論語の基礎知識

第2章　本当はかっこ悪すぎる孔子の人生

第3章 まちがいだらけの論語道徳教育

第4章　封印されたアンチ孔子の黒歴史

第5章　渋沢栄一と論語をめぐるウソ・マコト

第6章　孔子のすごさはヘタレな非暴力主義にあり

紀元前中華電視台《BCCTV》
スペシャル大特番

『ありのままの孔子』

——もしも、紀元前の中国に
テレビがあったなら……

●孔子大好き門人たちが語る

——こんばんは。早いもので孔子《こうし》の没後一〇〇年にあたります。今日は、節目となる記念イヤーの幕開けにふさわしい特別企画をお送りしたいと思います。さて、本日スタジオにお集まりのみなさんは、どんなくくりですか?

「ぼくたちは、孔子大好き門人です!」

——みなさんは孔子とはどういうご関係なんでしょうか。

「われわれは、孔子の弟子の弟子、つまり孫弟子か、そのまた弟子、もしくは、門下生ではないけれども、孔子が大好きで研究しているという、ヒマで物好きな仲間たちです」

——ヒマで物好きね(笑)。わかりました。のちのち問題になるといけませんので、これだけ先にハッキリさせてください。みなさんのなかで、孔子本人に会ったことがある、会話をしたことがあるかたはいらっしゃらない。その認識でよろしいですか?

「そうですね。ぼくの場合は、自分の師匠《ししょう》から孔子の思い出話やらおもしろエピソードを聞いてるうちに、いつのまにか孔子ファンになっていた、って感じですか」

「ぼくも同じです。彼とぼくは師匠はちがうけど同期なんですよ。同期の門人って、師匠が違っても横のつながりがあるんですね。それで同期で飲みに行ったりすると、いつも孔子の爆笑ネタで盛り上がるんです」

「どうもちかごろ、世間からは孔子の存在が忘れられつつあるんですけど、おいおい待てよ、と。風化してしまうには惜《お》しいおもしろ話がてんこもりにあるのに忘れられてしまうのは、孔子が一冊も本を書かなかったせいだと思うんですよ」

「だから、孔子の言行録を書物にして残したらどうだろう、ってことで、いま有志がネタを集めてるところなんです。本のタイトルは、いまの段階では仮に、『論語』にしようって相談してます」

「地味すぎるだろ。〝なぜ、できる孔子は○○をしないのか〟みたいなほうがウケるって」

「そういう自己啓発的なタイトルは、一時的に売れるけど、後世まで残らないよ」

――早くもみなさんノリノリですが、今日は収録時間の許すかぎり、存分に孔子のエピソードトークをしていただきましょう。でもその前に、局の倉庫に、孔子が存命中に撮られた街角インタビューのＶＴＲが眠っていたのが発見されましたので、そちらをごらんいただこうかと。世間のみなさんが孔子をどういうイメージで見ていたかがわかる貴重なブイです、では、どうぞ。

●孔子の評判はいかに？

「孔子？　ああ、あの、できもしないことをわかっていながらずっとやってる変人でしょ」

「馬鹿な男ですよ。いまのよのなかで政治にクビ突っ込もうなんて、やめたほうがいいって」

「孔子の一行が通り過ぎたあとで、遅れてきた弟子がいたんだ。そいつが、孔先生を見かけませんでしたか、っていうんで、思わず鼻で笑ってしまったよ。汗水たらして働くでもなく、農作業をするでもない、口のうまさだけで生きてるヤツが先生とはな」

「俺、見たことあるよ。道に迷ったみたいで、弟子たちとうろうろしてたから孔子だなとわかったんだけど、めんどくさそうなヤツだったから、関わりあいたくなくて、あえて知らんぷりしてたんだよな。

　そうしたら弟子のひとりがこっち来やがるの。うわ、ヤベえ来ちゃったぞ、って思ったら、川の渡し場はどこですかって聞きやがる。無視するのも大人げないから、俺は答えてやった。孔子はなんでも知ってるエラい人なんだろ？　だったら渡し場がどこにあるかも知ってるはずじゃねえか、ってね」

「これ、テレビ？　顔にモザイクかけて声も変えてくれるならしゃべるけど。いい？　私はかねがね不審に思ってたんで、一度孔子の弟子にこっそりたずねたことがあるんです。孔子はどこでだれに学んだのかって。

だって、孔子って貧しい身分の出なんでしょ。そんな人が、過去の王朝の重要な記録とかを読めるわけがない。なのにあの人、古代から伝わる礼法《れいほう》を学んでマスターしたっていってるんだよね。おかしいでしょ。

で、それを問いただしたら、弟子がなんて答えたと思います？　賢者は大きなことを知っていて、賢者でない人は小さなことを知っている。孔子はすべての人から学んだのです、だってさ。おいおい、ごまかすにしても、もっとマシなウソがありそうなもんだろ、って苦笑しちゃいましたよ」

＊

――とまあ、かなり、辛辣《しんらつ》なご意見が並んでるようですが……。

「世間の人の印象は、当時からこんなもんだったと思いますよ」

「女性誌では、五年連続で〝抱かれたくない知識人〟ナンバーワンに選ばれて殿堂入りしましたからね」

「それはあれだろ、女はやさしくするとつけあがるし、突き放すと恨《うら》まれる、なんていっちゃったから」

「あの顔でそれいうか、って話だよね。発言だけはイケメン。でもたいした女性経験なかったんでしょ、あのひと」

「奥さんと長いこと別居してたけど、女遊びしてた様子もまったくないし」

「長年、男の弟子ばかりと旅してたから、ゲイ疑惑も取り沙汰《ざた》されたみたいよ」

――ちょっと待ってください。さっきから聞いてると、こきおろしてばかりですが、みなさんは孔子のファンなんですよね？

「そのダメさ加減こそが、孔子の魅力なんです。孔子はぼくらみたいなダメ人間のあこがれなんですよ」

「ホントにダメな人って、ダメをこじらせてるから、自分がダメだって自覚がないんです。政治にも経済にも軍事にもドシロウトな、無名のマナー教室の先生が〝中国の王に俺はなる！〟って決心して、政治家めざしちゃうんですよ。みんながマナーを守れば戦争も犯罪もない世界になります！　って、完璧《かんぺき》にダメでしょ」

――アブナい感じの人ですか？

「いえ全然。むしろヘタレで器《うつわ》が小さい」

「おい、ヘタレは失礼だろ。徹底した非暴力平和主義者といってほしいな」

「いい人エピソードもありますよ。孔子が留守のあいだに厩《うまや》が火事になったときのことです。帰ってきて焼けた厩を見た孔子は、だれもケガはなかったか、と聞いただけで、ウマのことはなにもいわなかった」

「でもあれ、あとでウマのこともこっそり聞いてたって説もある」

「マジで!? うわぁ、ＹＤＫだな」

——え、なんですか？ ＹＤＫ？

「やっぱり、ダメな、孔子。略してＹＤＫ」

「でも、そっちのほうがいかにも孔子らしいっちゃ、らしいよね」

ビッグマウス

——オープニングからだいぶ盛り上がってますけど、そろそろエピソードトークに行きましょう。まずは、〝ビッグマウス〟ですか。これはどなたが。

「はい、ぼくです。あのひと、とにかくビッグマウスなんですよ。どんな野蛮《やばん》人の住む未開の土地でも、ワシが行けばよくできるとか、ワシのところで三年学んで就職できない者はいない、っていったり、自慢《じまん》や自画自賛が多いんです」

「言葉と行動を正しくしてれば、自然と就職先は見つかるぞ、って豪語するけど、自分は一四年間も就職活動して、結局全滅だったたんだよな」

「根気があるというか、理想が高いというか」

「夢ばっかり追いかけてないで就職しろよ、孔子（笑）」

「だけどやっぱり、ビッグマウスといえば有名なこのセリフ。


ワシは一五で学問に志《こころざ》し、三〇で独立し、四〇で迷わなくなった。五〇で天命を知り、六〇で他人の言葉を素直に聞けるようになり、七〇になると、心のままに行動してもまちがうことがなくなった。


これは孔子の発言中でも、一、二を争うくらいに有名なんですけど、こんなあからさまな自画自賛ぶっこいて、恥ずかしくないのかなって感心します」

――**私なんて、とうに四〇越えてますけど、毎日、迷いっぱなしで……。**

「それが普通の人間ですよ。四〇歳で迷わなくなったなんて、相当な自信家、うぬぼれやでないと、なかなかいえません。

これ、あきらかにハッタリですよね。孔子はしばしば迷ってます。仕官の口がなかなか見つからず、ああもう、いかだに乗って東の海の向こうにあるという国にでも行こうか、なんて迷える心情を吐露《とろ》したこともあります。諸般の状況に照らし合わせると、このときすでに四〇歳を越えていたはずです。

クーデターを画策《かくさく》してるとウワサされる危険人物から仕事のオファーが来たときも、ついつい心が揺れるんです。迷ったあげく、ワシなら悪いヤツも感化して善人にできる、とヘリクツをこねて応じようとするのを、弟子たちが説得して止めたんですから。

五〇で天命を知ったってのは、なんのことやらわかりませんから飛ばしまして、次、六〇で素直に他人の言葉を聞けるようになった。これもまゆつばもの。たいていの人間、とりわけ男は、ジジイになると他人のいうことを聞かなくなるもんですよ。男は、歳《とし》とるとプライドと前立腺《ぜんりつせん》が肥大するんです」

――全員がそうなるわけじゃないでしょ。

「七〇でまちがうことがなくなった、なんてのは絶対ありえない。自分がそう思いこんでるだけなんです。人間、年寄りになれば判断力も体力も衰《おとろ》えるのがあたりまえ。歳をとるほど、まちがいや失敗は多くなるんですよ。

自分では平気と思っても、馬車のブレーキとアクセルの合図をまちがえて暴走したり、一方通行の道路をうっかり逆走して正面衝突《しょうとつ》する事故を起こすものです」

「だいたい、孔子の人生は失敗の連続で、生涯結果を残せませんでした。自分が王になれなかったことに絶望しながら死んでいった人です。そんな人が、自分の人生がいかにも完璧だったかのように振り返ってるのはお笑いぐさですよ」

「孔子が死んだのは七四歳でしょ。てことは、その発言は死ぬ間際の耄碌《もうろく》した状態で口にした、人生最後のビッグマウスだったのかもよ」

「いや、ぼくはそれ、孔子本人の発言かどうか疑わしいと思ってる。だれかの捏造《ねつぞう》じゃないのかな。孔子はこういってる。君子たるには三つの条件がある。憂《うれ》えず、惑《まど》わず、恐れず。だがワシはまだその域に達してない。自分は完璧な人間ではないと認める発言をしてるんです。こっちが正直な気持ちじゃないのかな」

――それは謙遜《けんそん》してたんじゃないですか？

「謙遜するようなタマじゃないですよ（笑）。弟子の子路《しろ》さんが楚《そ》の国の長官に、孔子はどんな人かと聞かれたけど、即答できずに黙《だま》って帰ってきたんです。そしたら孔子がダメ出しします。おまえはこう答えればよかったんだ。孔先生は、飲食も忘れるほど発奮《はっぷん》努力するし、楽しんで憂いを忘れる。だから老境にさしかかったことにも気づかずにいるのですよ、と」

――えっ、自分のことをそんなふうに紹介しろ、と弟子にいうんですか？　それ、冗談《じょうだん》でいったのでは？

「どうだろう。マジメにいったんじゃなかろうか。あのひと、笑いのセンスゼロだからなあ」

「弟子に発言の誤りを指摘されたとき、さっきのは冗談、冗談、って軽く流したけど、ちっとも笑えないし、ただ単にごまかしてるだけだよね」

●ヘリクツでよくごまかす

「よくごまかすんだ、あのひと。朝廷に葬祭《そうさい》マナーの専門家として雇われて、祭礼の仕事に参加したときのことなんだけど、やたらとまわりの人にやりかたをたずねてばかりいたんです。だから同僚が不審に思い、あの孔子とかいう野郎、礼の専門家って触れ込みで入ってきたのに、なんも知らねえじゃねえか、って」

「バレた！　ヤバいよ、ヤバイよ……」

「すると孔子は涼しい顔でおっしゃった。粗相のないよう、いちいち聞いて確認し万全を期すことが、正しい礼なのだ」

「ものはいいよう」

「ヘリクツといいわけに関してはあのひと、〝神〟の領域だよね」

「まちがいを指摘されたときには、ああ、ワシはしあわせだ、まちがってもだれかがきっと気づいてくれる」

「そういうのを世間では負け惜しみといいます」

「あなたはなんで政治の現場にたずさわろうとしないのですか、ってイジワルな質問をされて、なんて答えたと思います?」

「聞くほうも聞くほうだよな。孔子が政治家になりたくてしょうがないのになれないことは周知の事実だってのにさ」


——で、孔子はなんと答えたのですか?


「親孝行や、兄弟と仲良くすること、それがすべての政治の基本といわれます。私はいまそれをやっているから、わざわざ政治にたずさわらずとも、政治をやってるも同然なのです」

「これぞ〝神〟回答」


——同然ではないですよね(笑)。いやはや、その強引な回答は、まったく予測不可能でした。私もだんだん〝神〟のすごさにハマってきました。

●自分では親孝行してないくせに

「孔子にもの申す!」

——おっ、なんでしょう。

「やたらと親孝行の話をする孔子ですが、ぼくはその点だけはどうしても納得いかないんで、あえて批判します。孔子は、親という存在を美化しすぎてる。

老いた親なんてのは、全然美しくない。見苦しいんですよ。人間、歳をとると見た目も行動も性格も見苦しくなるんです。醜《みにく》くなるんです。たいていの人は、老いて苦しんで無様《ぶざま》に死んでいくんです。

誤解してほしくないんですが、ぼくは親が嫌いじゃない。大好きですよ。だからあえていうんだけど、見苦しさも醜さも込み込みで、老親という存在を受け入れなきゃいけないんです。

孔子はそこをわかってない気がする。孔子の話には、立派できれいな年寄りしか出てこないんです。寝たきりや認知症になってしまった老人は出てきません。そうなっても親孝行できるのか、ってことまで孔子の考えは及んでない。実感がないから、親に尽くせときれいごとを並べるばかり」

——ふむ、キビシい意見ですね。孔子といえば親孝行、のイメージだったんですが、いわれてみれば、ちょっときれいごとかな。

「孔子は若くして両親を亡くしてますからね。つまり、孔子の頭の中の両親は、いつまでも若く美しいイメージのままなんです。孔子自身は、寝たきりの親の介護なんて経験してないでしょ。

むかしはやさしかった親が、寝たきりになって、介護してる嫁さんに悪たれつく様《さま》を目にしても、はたして、親孝行しろなんて軽々しくいえてたかどうか」

「親からあまり遠く離れるな、いつでも会いに行ける距離にいるのが親孝行だ、って孔子はいうんだけど、自分は弟子たちを引き連れて、一〇年以上も遠くに旅してた。親不孝軍団のボスだよね」

「孔子は自分の妻子に対しても冷たいんです」

――えっ、そうなんですか?

「先祖や家族を大事にしろって説教するけど、自分は自分の家族に関心がない」

「弟子の顔淵《がんえん》さんが死んだときは、この世の終わりみたいな取り乱しようだったのに、じつの息子が死んでもたいして悲しまなかったし」

「奥さんのことなんてまったく話さない。どんな人だったのか、いつ亡くなったのかさえわからない。嫁に出した娘もいたはずなんだけど、まったく気にかける様子がないし」

●弟子に嫉妬《しっと》する

「さっきいいかけてた、弟子にやさしいって話に戻していいですか。

孔子は決して弟子に体罰《たいばつ》をしないのはもちろんですが、これまで集めたエピソードを再検討してみたら、弟子をキビシく叱《しか》った例すら、ほぼゼロなんですよ。これにはさすがに驚きました」

「あれは？　宰予《さいよ》さんが昼寝して怒られた話」

――昼寝をしただけで孔子は怒ったんですか？

「そうなんですよ。しかもかなりの怒りよう。おかしいでしょ？　そりゃあ、師匠の講義を聞いてる最中に寝たら、てめえなめてんのか、ってなってもしかたないけど、昼寝くらいみんな普通にしますよね。だから、あれはあの話をメモったやつが漢字を書きまちがえたんだ、昼に寝たんじゃなくて、寝室で絵を描いたと解釈すべきと唱える人もいます」

「そのほうがもっとヘンだろ。絵を描くのが昼寝よりも悪いの？　意味わかんない」

「放送禁止の絵だったとか」

「だとしても、プライベートの時間じゃん。自分の寝室で絵を描こうがナニをかこうが、自由だ」

「叱られた理由については、とりあえずおいとこう。厳密にいうと、じつはあのとき、孔子は宰予さんを叱ってないんです。本人のいないところで、ほかの弟子に、宰予は叱ってもムダだな、って見放すようなことをいってるだけなんだよ」

「それたしか、ほかの弟子にもときどきやってる。面と向かって弟子に怒れない性格だったんだろうな」

「日頃、雇い主がまちがったことをしてたら進言しなさい、って弟子に教えてるのに、自分は陰口ばっかり」

「小心者だよねえ」

「魯《ろ》の重臣だった季氏《きし》が人民に高い税金を課してることに孔子はムカツいてたんだけど、季氏のところで働いていた冉有《ぜんゆう》さんが税金の取り立ての仕事をしてると聞いたら怒り爆発。そのときも孔子は、冉有さんにじかに怒らずに、ほかの弟子の前で、あんなヤツはもう弟子とは認めん！」

「孔子ってさ、冉有さんにはやたらキビシくない？」

「そうそう。季氏は身分不相応な祭礼を盛大にやってるが、なぜおまえがやめさせないんだ、って怒ったり」

「いえるわけないって。ぺーぺーの使用人にすぎない冉有さんが、大臣とどうやって話をするっての」

「だったら孔子、おまえがいえよって話だよな」

「自分は国の要人だといつも自慢してたんだから」

「冉有さんが朝廷での仕事から戻ってきたとき、孔子が声をかけた。ずいぶん遅かったじゃないか。

冉有さんが、政務があったものでと答えたら孔子は、それは政務でなく、単なる事務だろ。もしも政務のような重要事案なら、このワシに相談もなく決めるわけがないからな！」

「その場にいた全員、凍《こお》りついただろうな。えっ、いまの本気？　それとも自虐《じぎゃく》ギャグ？」

――それはまた、どういうことでしょう？

「孔子が季氏や朝廷から見限られていたことは、一般市民ですら知ってる公然の秘密でした。おエラいさんが孔子におうかがいをたてに来るわけないのに、本人は朝廷のご意見番気取りなんですよ」

――なんで、その冉有さんというお弟子さんだけが孔子に嫌われてたんですか？

「嫉妬《しっと》ですよね、あれは。就職予備校の校長なんだから、本来は弟子が就職して活躍してたら喜ぶべきなのに、孔子は屈折《くっせつ》してるんですよ。本来なら自分が就職して出世したかったのにできなかった人だから。弟子の中でも出世頭だった冉有さんの活躍がうれしいと同時にくやしくて仕方ない。そこで細かい仕事ぶりになんだかんだと口出しして、自分の影響力を誇示したい。

でも冉有さんは仕事ができる人だから、孔子の理想論よりも雇い主である季氏の実務方針を尊重して従うわけです。勤め人ならそれは当然のことなんだけど、それが孔子の嫉妬の炎に油を注ぐわけ」

●ダメっぷりこそ孔子の魅力

「だけど冉有さんは、孔子を批判したりしないんですよ」

「エラいよね。いろんな話をまとめてて思うのは、孔子よりも弟子たちのほうが人間ができてるのね。世間からはポンコツ、社会人失格、ダメ人間のレッテルを貼られていた孔子の理想に共鳴して弟子になり、最後まで師匠を立ててたんだから」

「孔子のなにがすごいって、この戦乱の世のさなかに、みんなが礼儀をわきまえれば平和になる、って信じてたところなんですよ。戦乱の世に、非暴力・平和主義を貫くなんて、ポンコツな人にしかできませんよ。そのダメッぷりこそが、孔子の魅力なんです」

「ダメを許せない人が、老いてダメになった親を軽蔑《けいべつ》したり虐待《ぎゃくたい》したりするんです。ダメな人間を認めよう。人間はダメでもともとなんだと認めましょうよ」

――さて、そろそろ終了の時間が迫ってきました。みなさんの孔子に対する熱い思いは、視聴者にもしっかり伝わったことと思います。

「いやあ、どうかなあ。わかんないですよ。二〇〇〇年後くらいには、孔子が軍を率いて敵を撃ち破ったなんて伝説ができて、ヘタレが猛者《もさ》に変わってるかもよ」

「身長二メートルのイケメンになってたりとか?」

「ポンコツだったことが忘れられて、聖人君子としてあがめられてたりしてね」

「ないない。それは絶対ないって（笑）」

＊

これはテレビバラエティを模した架空《かくう》のトーク番組です。しかし、ここで取りあげた孔子のエピソードはすべて、『論語』に実際に出てくるものばかりであり、私の創作ではないと、おことわりしておきます。

『論語』を最初に編集した人たちは、こんな感じで作業をはじめたんじゃないか、彼らはポンコツ孔子の人間くささをおもしろがっていたのではないか、と私は想像したのです。そう考えないと、なぜ『論語』に孔子のダメなエピソードがたくさん含まれているのかが説明できませんから。もしも、最初から孔子を完全無欠な聖人君子に仕立て上げるつもりだったら、ダメな面を伝えるエピソードは収録しなかったはずです。

先入観なしに『論語』を素直に読めば、ヘリクツと強がりと負け惜しみばかり並べる孔子のポンコツぶりはだれにでも読み取れるはずなのに、孔子は偉人であると刷り込まれている人たちには、孔子の真の姿が見えなくなってしまってるらしい。

長年にわたって染みこんだ政治思想や道徳観、歴史ファンタジーによって『論語』の解釈は歪《ゆが》められてきました。そのため多くの日本人が『論語』を誤読し、孔子の思想の本当の価値をも見失っています。残念でなりません。

本書は〝ありのままの孔子〟の姿をお届けします。『論語』の内容を説明するだけでなく、孔子や『論語』が日本でどのように受容・誤読されてきたかといった歴史社会学的な側面からのアプローチもしています。

私は本書を、孔子や『論語』が嫌いな人に読んでいただきたいのです。

学校の先生や企業の社長に押しつけられた道徳的解釈によって、孔子や『論語』に辟易《へきえき》していたみなさんに、それは正しい感覚なのですよ、とお伝えしたい。あなたがたはまちがっていない。むしろ、孔子を神格化している先生や社長が誤読しているんです。

本書を読み終えるころには、ありのままの孔子の姿を理解できるはずです。そのうえで、人間くさいダメおじさん孔子に共感をおぼえるか、軽蔑《けいべつ》するかは、みなさんのご判断におまかせしたいと思います。

エラい人にはウソがある——論語好きの孔子知らず

第1章　歴史的に正しい孔子と論語の基礎知識

※日本で一般的な解説の例　～『大辞林（第三版）』より

◆孔子《こうし》（前五五一～前四七九頃）
〔呉音で「くじ」とも〕中国、春秋時代の魯《ろ》の思想家。儒教《じゅきょう》の祖。名は丘《きゅう》、字《あざな》は仲尼《ちゅうじ》、諡《おくりな》は文宣王《ぶんせんのう》。昌平郷陬邑《すうゆう》（山東省曲阜《きょくふ》県）の生まれ。魯に仕えたがいれられず、諸国を遊説《ゆうぜい》したのち、門人の教育に専念。周公旦《しゅうこうたん》の政治と事績を理想とし、仁《じん》と礼《れい》とを倫理的行為の根本におき、徳治《とくち》政治を達成せんとした。その思想は、言行を記録した『論語』にみられる。また、『書経』『詩経』『春秋』などを整理・編纂《へんさん》したといわれる。

◆論語《ろんご》
中国、春秋時代の思想家孔子とその弟子たちの言行録。四書《ししょ》の一。二〇編。戦国時代初期から編纂が始まり漢《かん》代になって成立。「仁」を中心とする孔子およびその一門の思想が語られ、儒家《じゅか》の中心経典として中国伝統思想の根幹となった。日本へは応神《おうじん》天皇の代に伝来したといわれ、早くから学問の中心とされた。

◆儒教《じゅきょう》
仁を根本とする政治・道徳を説いた孔子を祖とする中国の教説。儒学の教え。

『論語』はありがたい⁉　孔子はエラい⁉

『論語』をこどもの道徳教育に！

『論語』で社員の仕事意識が変わった！

こんなフレーズをしばしば目にしたり、耳にしたりします。書店でも、この手のキャッチフレーズが表紙に書かれた本が何冊も並んでいるのを確認しました。

なにやら一部の日本人は、『論語』には現代科学では解明できない、未知なる効能があると誤解しているようです。

『論語』を水に読み聞かせながら凍《こお》らせたら、きれいなカタチの結晶《けっしょう》ができるの？『論語』を牛に読んでやると乳の出がよくなる？　すり傷・切り傷・やけどにおできがピタリと治る……わけがない。

そこまでオカルト趣味でないにしても、『論語』にはありがたい教えの言葉が詰まっていて、『論語』の主役である孔子《こうし》をエラい人だと信じてる人は、学者や経営者のなかにもけっこういます。

だけど、『論語』を読んだからといって、道徳心や人間力が向上することを期待してもムダ。

もしも『論語』にそんな効能があるのなら、中国はとっくのむかしに世界一の道徳国家になっていたはずです。

ところが現実はどうですか。現代中国社会は、道徳よりカネがものをいう格差社会の様相をますます濃くしていく感があります。孔子が目指した理想社会は、二五〇〇年たってもいっこうに実現のめどが立ってません。

二五〇〇年も同じクスリを服用しつづけても症状に変化が見られないなら、それは『論語』というクスリに効き目がないからだと、そろそろ気づいてくれないと困りますね。

●縄文時代の人で、生涯は謎だらけ

ところでそもそも『論語』ってなに？　孔子ってだれ？　おっと、その質問は、あまり大声でおっしゃらないほうがいいですよ。日本で教育を受けたかたなら、中学・高校の国語や漢文の授業で必ず習っているはずです。『論語』を知らないと認めることはすなわち、私は学生時代、授業をサボってました、と宣言したも同然だからです。

世界中どこの国の若者にとっても、古代の文章を読む授業が強烈に眠気を誘うものであることは共通しています。ある程度歳を重ねないと、そういう古いもののおもしろさはわからないものですから。

ま、授業中の睡眠によって成長期に必要な睡眠時間が確保されたからこそ、健康が維持できて、いまでもあなたは健康に生き長らえているのです。その点は、漢文の先生に感謝しておいてください。

＊

『論語』は、孔子という人の言行録《げんこうろく》です。誤解している人が意外に多いのですが、『論語』を書いたのは孔子ではありません。『論語』の執筆・編集に最初にたずさわったのは、孔子の孫弟子《でし》くらいに当たる人たちだろうといわれてます。その後、長期にわたる加筆と編集が続いた末に、現在のカタチに落ち着きました。ちなみに現在研究者のあいだでは、孔子は本を一冊も書き残さなかったというのが定説となってます。

孔子は紀元前五五二年ごろ、魯《ろ》の国（現在の中国山東《さんとう》省の一部）に生まれました。さまざまな職を転々としたのちに、五〇代で魯の役人となるも、たった数年で辞職。その後一四年ものあいだ、弟子たちと諸国を放浪し、再就職の道を探すも挫折《ざせつ》。帰郷してからは私塾を開いて弟子の教育にあたり、紀元前四七九年ごろに死にました。

これが孔子の生涯です。あいまいなところが多いのですが、歴史的に見て、おそらく事実だろといえるのはこれくらいなんです。

孔子の生涯は謎だらけ。なにしろ二五〇〇年も前のことです。近隣諸国に目を向ければ、ブッダと同時代、日本はまだ縄文《じょうもん》時代。おそろしくむかしの話です。そんな時代の記録なんて、ほぼ残ってないから、謎も多いのです。

逆にいいますと、いま紹介した履歴以外のエピソードには確たる裏付けがなく、歴史学者からは偽造・捏造《ねつぞう》を疑われています。

世の孔子ファンが語る逸話《いつわ》のほとんどは、証拠がないし、歴史的に矛盾《むじゅん》しています。孔子の偉大さを知らしめるために、後世のファンがつくった孔子伝説を鵜呑《うの》みにしてはいけません。

たとえば、五〇代で国の法律に関する最高責任者である大司寇《だいしこう》（法務大臣みたいなもの）に大抜擢《ばってき》された、なんて有名なサクセスストーリーも、作り話である可能性がきわめて高いのです。なにしろ『論語』にそのことがまったく書かれていないのですから。

じゃあ、孔子はなにをしてそんなにエラい人になったのか？

ぶっちゃけて、いいましょう。後世に残るような業績は、なにひとつとしてありません。なにも結果を残せなかったダメおじさんが、死後に伝説を捏造され、偉人・聖人としてまつりあげられ、儒教《じゅきょう》関係者たちに都合よく利用されてしまった――それが歴史的に正しい孔子の実像です。

こどものころに孔子を偉人とあがめるよう教育されたおじいちゃんにとっては、ショッキングな事実かもしれません。

ふざけるな、とお怒りのかたもいらっしゃるでしょう。孔子の名誉のためにつけ加えますが、孔子は努力はしたんです。むしろ、人一倍努力したといえるかもしれません。そこは評価されるべきです。だけど努力はすべて空回りに終わり、結果は残せなかった。悲運の人なのです。

その意味では、「どんなに努力したからといって、必ずしも報《むく》われるわけではない」という現実のキビシさ、不条理さをこどもに教える辛口の道徳教材として使うなら、『論語』はもってこいだといえましょう。

儒教では「孔子は超エラくて超正しい」

誤解を招いたかもしれませんが、私は孔子が嫌いではありません——いまはね。以前は大嫌いでした。エラそうにしている孔子の化けの皮をはいでコケにしてやろうとばかりに、さまざまな研究書を読み漁《あさ》っていましたら、案の定、孔子の言動がインチキやウソまみれであることがわかりました。

しかし、世間でいわれる偉人イメージとはかけ離れた孔子のダメ人間ぶりに、私は共感をおぼえるようになったのです。なんだこいつ、器《うつわ》のちっちゃい、しょうもないオッサンではないか。

でもときどきおもしろいこというし、人としてスジは通ってるんだよな、と。

私は気づきました。私が嫌いだったのは、本来の孔子ではなく、孔子信奉者たちによって捏造されたご立派な聖人君子としての孔子イメージだったことに。それがわかると、これまで以上に、孔子を偉人として盲信《もうしん》する連中と、孔子の思想は教育やビジネスに有効だとうそぶきながら、じつは自分自身の考えを他人に押しつけようとするだけの卑怯《ひきょう》な連中が大嫌いになりました。

孔子を信奉する人たちに共通するのは、『論語』のダメなところや矛盾点を批判することを許さない点です。その権威至上主義は学問としてはあるまじき態度です。むろん宗教としてなら許されますが、宗教だとしたら、信仰の自由が憲法で保障されている以上、生徒や社員に『論語』教育を押しつけることは許されませんし、生徒や社員にはそれを拒否する権利があります。

欧米では、イエス・キリストを宗教上の聖人としてでなく、ひとりの人間として歴史的に研究し、その実像に迫ろうとする試みが学問として以前からおこなわれています。

しかし孔子に関しては、そういった研究がされているって話はほとんど耳にしたことがありません。孔子の偉大なイメージに異を唱えることは、いまだにタブー扱いです。

儒教道徳では、エラい人は絶対エラいんです。年上の人はエラい。親や先祖もエラい。年長者の意見は正しいのだから逆らってはいけない。超むかしの超エラい人である孔子さまの言葉となれば、それはもう、超正しいのだから批判・否定してはいけません。

不条理な論理です。

中国文学者の村松暎《むらまつえい》さんは『儒教の毒』という、タイトルからして挑戦的な著書で、批判を受け付けない儒教信奉者の学問的態度を批判しています。批判めいたことをいうと、彼らは怒るか無視するかだ、と憤《いきどお》ってますが、まったくそのとおりだと思います。孔子や『論語』に批判的な学説は、異端の説としてほぼ無視されます。

学問は、先人の研究結果を覆《くつがえ》すことで進歩していくのです。先輩や師匠《ししょう》の説への批判が禁じられたら、学問はそこで死にます。現に、孔子研究は学問としてはすでに死《し》に体《たい》です。

愛すべき〝中国最大のペテン師〟

カビの生えたうさんくさい思想として『論語』を敬遠していた私が興味を持つようになったのは、数年前、道徳教育について調べていたのがきっかけでした。

道徳教育に『論語』を勧める人がいることを知り、『論語』の解説書を何冊か読むなかで、一冊の本に衝撃《しょうげき》を受けました。それが浅野裕一《あさのゆういち》さんの『儒教　ルサンチマンの宗教』。

中国哲学が専門の浅野さんが歴史研究・文学研究の成果をもとに、『論語』の矛盾やウソをばっさばっさとなで斬りにしていくさまは痛快至極《しごく》、ページをめくるたびに胸のつかえが取れていきました。

なんだ、孔子や『論語』を批判的に読んでる人はいるじゃないか。私が感じていた『論語』の疑問は気のせいではなかったんだ。矛盾だらけだったのに、エラい学者がヘリクツで説明してごまかしてたから、もやもやしたんだ。

孔子はダメな人だったというイメージで、あらためて『論語』を読み直したら、あら不思議。以前は腑《ふ》に落ちなかったところが素直に納得できるじゃありませんか。

そして、自分でも意外なことが起きました。浅野さんは孔子を「中国最大のペテン師」と罵倒《ばとう》してますが、私はそのペテン師おじさんのあからさまなダメッぷりがおかしくて、逆に共感をおぼえるようになったんです。

鋭い指摘を受けて返答に困るとヘリクツでごまかす孔子。弟子の前では見栄《みえ》を張る孔子。いつまでたっても有名人になれないことをスネるかと思えば、やせ我慢《がまん》たっぷりのキザなセリフを吐《は》く孔子。関西人からは〝ヘタレ〟と誹《そし》られかねないダメおじさん孔子は、とても人間くさくて、まるで落語の登場人物のよう。

私は発想を逆転しました。孔子は立派な聖人君子だったから弟子に尊敬されてたのか？　いや、そうではないんじゃないか。むしろ聖人君子とはほど遠いダメな人。世間の人から見限られた負け犬だったけど、ダメっぷりが人間くさくてどこか憎めないし、若い弟子たちと気軽に話す気さくさもあった。決してあきらめない打たれ強さを持ってるし、徹底した非暴力平和主義者だった。弟子たちは、そんなダメな孔子を慕《した》っていたのではなかろうか。

なぜ親や先生は、こどもたちに偉人伝を読ませようとするのでしょう？　偉人伝を読めば立派な人になれるから？　そんなわけがない。才能と努力がたまたま嚙《か》み合ったとき、偉人が誕生するのです。だれもがそうなれるわけじゃないからこそ、偉人なんですよ。ワシントンの伝記を読んだって大統領にはなれません。ベーブ・ルースの伝記を読んでもホームラン王にはなれないんです。

私はかねがね、〝人間いいかげん史観〟と名付けた歴史観を提唱してきました。人間は太古《たいこ》の時代から現在まで、ずっとダメでいいかげんな存在です。むかしの人はいまの人より立派だったというのは捏造された根拠のない歴史観。庶民史《しょみんし》を資料にもとづいてきちんと検証すればするほど、むかしもいまも、人間のダメさかげんに変わりがないことが証明できるのです。

だから孔子がダメなポンコツおじさんだったとしても、私は全然驚きませんし、むしろそのほうが人間味が感じられます。聖人君子の孔子像は尊敬に値《あたい》しない虚像です。

私も含め、大半の人間は立派じゃありません。ダメな人です。ダメな人が立派な人のマネをしてもうまくいきっこない。ダメの大先輩である孔子からなら、いい面も悪い面も学ぶべきところはたくさんあるはずです。

●日本語訳の『論語』は超訳だらけ

なお、私は中国語は一切読めませんので、『論語』はすべて日本語訳を参考にしています。ジェームズ・レッグによる英訳版も何か所か参照しましたが、通読はしてません。

日本語訳は加地伸行《かじのぶゆき》訳（講談社学術文庫）と金谷治《かなやおさむ》訳（岩波文庫）の二冊をメインに使い、そのときどきに応じて、貝塚茂樹《かいづかしげき》訳（中公文庫）、宇野哲人《うのてつと》訳（講談社学術文庫）、宮崎市定《みやざきいちさだ》訳（岩波現代文庫）の三冊も参考にしました。

これから『論語』全訳を読んでみたいというかたには、入手のしやすさと読みやすさを考え、加地訳か金谷訳をおすすめします。

いかんせん『論語』の原文はあまりにもわかりにくいので、直訳ではまともな日本語になりません。翻訳にはどうしても訳者の言葉を補う必要がありますが、そのせいで、訳者によって文意が微妙に（たまに大幅に）異なります。

加地訳は訳文が丁寧《ていねい》でわかりやすいのが長所ですが、そのぶん、原文にない言葉がかなりつけ加えられてしまってるのが難点。場合によっては読者を特定の解釈へ強引に誘導してしまうことも。君子《くんし》を「教養人」と訳すなど、独自の用語を使ってるのもややマイナス点（君子というのは、教養も道徳も兼ね備えた理想的な人格者のこと）。ほかの訳と比較するときにやや混乱を招きます。

金谷訳は原文を活かした、わりとそっけない訳文で、解釈にも偏《かたよ》りがないのがいい。その反面、説明がそっけなさすぎて意味が取りづらいところもままあります。

長短あるものの、この二冊なら『論語』を素材のまま味わえます。あとの三冊、とくに貝塚・宇野訳は、古くさい解釈のうえに、訳者個人の主義・思想で味付けされてるので、最初に読む一冊としてはおすすめしません。

読んでほしくないのは、ダイジェスト版です。ダイジェストだと訳者（著者）個人の倫理・道徳観に反する個所や、孔子の不名誉なエピソードをカットしてる可能性がかなり高い。それだと『論語』編集者たちの意図《いと》が正しく伝わらず、結果的に孔子のイメージをいっそう歪《ゆが》めることにつながるので、おすすめしません。

第2章　本当はかっこ悪すぎる孔子の人生

●しょぼすぎるエンタメ超大作『孔子』

二〇一〇年のお正月、中国で『孔子』という映画が公開されました。タイトルからわかるとおり、『論語』のなかで絶対的な師とあがめられている儒教の祖、孔子の生涯を描いた作品です。いかにも、お説教くさい地味な映画を想像しますけど、これがなんと、中国政府の全面的なバックアップにより二〇億円の制作費をつぎこんで制作されたエンタメ超大作というのだから驚きです。

一九七〇年代の中国を知る人にとっては、隔世《かくせい》の感があることでしょう。当時、文化大革命の嵐が吹き荒れた中国では、孔子は共産主義国家の理想に反する大悪人として国賊《こくぞく》扱いされていたんです。歴史教科書風にいえば、批林批孔《ひりんぴこう》運動ってやつです。

といっても、それは孔子の思想を批判するというよりは、政治家の権力闘争の道具に使われただけでした。当時、中国でなされていた孔子批判の内容は、支離滅裂《しりめつれつ》な罵詈雑言《ばりぞうごん》でしかありません。学問として取りあげて検討する価値もありません。

孔子もとんだとばっちりだったわけですが、その後中国でも孔子の地位は復権し、いまや国策映画がつくられるほどにまでなったわけです。

ただ、残念なことに映画の興行成績は、同時期に公開された『アバター』に惨敗《ざんぱい》したと伝えられてます。その当時にネットを検索してみたところ、中国在住、および旅行中の日本人の何人かが現地で映画を観て、感想などを書きこんでました。その内容は総じて、映画館はガラガラだったというものでした。

大コケした作品ですから、まちがいなく日本未公開で、ＤＶＤも出るかどうかってところだろうと思ってたら、二年近くたった二〇一一年秋、忘れたころに日本での劇場公開が決まったのです。邦題は『孔子の教え』。

どういう風の吹き回しでしょうか。さしずめ、なにかべつの公開予定作がドタキャンになったから穴埋めにした、みたいなことなんじゃねえの、などとゲスの勘ぐりをしたくもなろうというもの。

これは見逃せません。さっそく劇場へ足を運びました。

感想をひとことでいいます。「退屈《たいくつ》」。もうひとことつけ足すなら、「しょぼい」。そりゃ大コケしますわな、この出来では。中国の人たちだって同じ料金払うなら、『アバター』のほうを観るでしょうね。

私はけっこう映画は観るほうですが、中国映画は年にせいぜい数本しか観ません。それでも、称賛すべき名作を何本かあげることはできます――が、この映画は問題外。当初、日本の配給会社が公開を見送ったのもうなずけます。

孔子をよく知らない人が観たら、人物関係や各エピソードの意味・背景がさっぱりつかめず、おいてけぼりを食うでしょう。孔子が太鼓《たいこ》叩《たた》いて兵士の大群を指揮してるかと思えば、いきなりおちぶれて、弟子たちと辛気《しんき》くさい流浪《るろう》の旅をしてみたり、こいつらいったい、なにをやってるんだ、ていうか、なにがしたいんだ？　さっぱり意味不明な映画です。金かけたわりに戦争シーンのＣＧもヘボいし。

孔子をよく知る人たちにとっても、おなじみのエピソードをつなぎあわせて孔子の人生を表面的になぞってるだけにしか思えません。孔子の新たな魅力や側面を引き出すこともなく、なんとなーくエラい人っぽく描いて無難にまとめてます。従来の道徳的解釈から一歩も前進していないけど、中国政府の肝《きも》いりでつくったんだから、冒険的解釈はできなくても当然か。

孔子のイメージはあのリアクション芸人

この映画をつまらなくした最大の原因は中途半端《はんぱ》な脚本ですが、原因はキャスティングにもあります。孔子を演じた主演俳優が、チョウ・ユンファさんだったこと。

チョウ・ユンファさんといえば、そのむかし、香港《ホンコン》ノワール映画のスターとして日本でもかなり人気があった人です。私も当時はカッコいいなと思いました。ちかごろは知名度がやや落ちましたけど、日本でいえば、役所広司《やくしょこうじ》さんや渡辺謙《わたなべけん》さんクラスの一流俳優です。

だからちょっと期待していたんです。これまで、孔子の生涯を描いたドラマや映画（たぶん香港か台湾《たいわん》の制作だと思いますが）を二、三本観たのですが、どれもかったるいだけで華のない作品ばかりでした。華のあるスター、チョウ・ユンファさんなら、新たな孔子像を見せてくれるのではなかろうか――。

でも、やっぱりダメでした。チョウ・ユンファさんでは逆に、孔子を演じるにはカッコよすぎるんです。

現実の孔子は、ちっともカッコよくなんかなかったんですから。

しかも、エラくもありませんでした。いまでこそ、古代中国の偉人、聖人とされている孔子ですが、同時代に生きていた人たちがそれを耳にしたら、噴き出してたはずです。

「あのインチキ負け犬野郎の孔子が偉人？　聖人？　ワハハハハ。冗談きついぜ」

ウソじゃありません。孔子に対する同時代人の評価といったら、嫌いな有名人ランキング第一位みたいな感じです。孔子は人生に失敗した負け犬とみなされ、さんざんな扱いを受けていました。

孔子は身長二メートルを超える巨漢だったとする説がありますが、これは孔子の死から四〇〇年くらいたって書かれた『史記《しき》』（司馬遷《しばせん》が書いた中国初の通史）の記述です。『史記』の内容には、民間伝承などをもとに創作、脚色された部分がかなり多いので、中国史の研究者からはまともな歴史書とはみなされてません。あれは歴史ファンタジーです。

孔子巨人説は、後の世の儒者《じゅしゃ》（弟子）たちが教祖の偉大さをアピールするためのでっちあげと見てまずまちがいありません。もしも孔子がそんなに目立つ大男だったら、弟子や孫弟子は当然その事実を知っていたはずです。なのに彼らがまとめた『論語』に大男エピソードがひとつも出てこないのはきわめて不自然です。

それどころか、漢文学者の乾一夫《いぬいかずお》などの研究では、古い中国の文献には、孔子は背の曲がった小男だったとする記述も多く見られるとのこと。

そこまでいくと、逆にそれもまた孔子をおとしめようとする人たちによる創作かと疑ってしまいますけど、そうした極端な記述を差し引くと、孔子はごく標準的な体格だったと考えられます。世間の人から小バカにされてたところを見ると、小柄な人だった可能性もじゅうぶんにあります。

カッコよくない小男。負け犬イメージ。やたら強がりをいう。抱かれたくないランキング一位。それでも仲間内からの評価は意外と高く、好かれている。こうした要素を踏まえたうえで、ありのままの孔子イメージを演じるのにふさわしい役者は、いったいだれだろうか……。

私は日本のテレビバラエティを見て確信しました。それは出川哲朗《でがわてつろう》さんであると。

もし私が孔子の伝記映画を撮るなら、迷わず出川さんを起用します。シャレや冗談でいってるのではありません。孔子が出川さんみたいな人だったら、とイメージして『論語』を読み直すと、とてもしっくりくるんです。それまで腑《ふ》に落ちなかった矛盾《むじゅん》や疑問が解消されて、素直に頭に入ってきます。

出川が孔子を演じるなんて冒瀆《ぼうとく》だ、ふざけるな、と怒ってるかたがいたら、それこそが孔子の精神をまったく理解していない証拠です。「巧言令色《こうげんれいしょく》、鮮《すく》なし仁《じん》」。人を外見や表面的な行動で判断するなというのが、孔子の教えではないですか。

イケメンは、「人を見た目で判断してはいけないよ」なんて自分の口からいわないものです。それはイヤミか自己否定になってしまうから。「人を見た目で判断するな」と主張するのは、総じてブサイクな人間です。

見た目が立派な人でなければ尊敬できないのですか？　では、もしもあなたの両親が見た目も冴《さ》えず、なんら社会的な業績もない凡人《ぼんじん》なら、尊敬しないのでしょうか。

孔子を強いヒーロー、賢人だと頭から決めつけ、『論語』を偉大なお告げの書と思って読むから、矛盾やウソが目立ってしまうのです。過去の孔子信者たちは、その矛盾やウソをムリヤリ立派な言葉だと解釈することで、よけいに『論語』の解釈をねじ曲がったものにしてきました。

本当は弱い人間である孔子が、大きな理想と野望を追って、いいわけや強がりで自分を大きく見せている。『論語』は人間の弱さと人生の悲哀《ひあい》をつづった書として読めば、とてもおもしろい書物であることに気づくはずです。

私は、孔子の弟子たちも、孔子が弱いダメ人間であることは気づいていたと思います。でも決して悪い人じゃないし、弟子にはやさしいし、ときに名言も残すんです。

弟子たちは、そんな空《から》回りばかりの弱い孔子を、慕《した》ってたんじゃないですか。世間がバカにしてることも当然知っていたけど、孔子の価値を認めてたから尊敬してついていった。

じつは、ダメな師匠《ししょう》の人間的にいい面を見抜いていたのは、弟子たちだったのかもしれません。

孔子は儒教の始祖？

では、そろそろこのへんで、孔子という男が実際には何者であったのか、その正体をお教えしましょう。

現在、日本の辞書や事典で「孔子」の項目を調べると、たいていは、こう書かれています。「中国、春秋時代の思想家」。あるいはそれにつけ加えて、「儒教の始祖」と。

それは、どちらもまちがいです。

辞書がまちがいを書くわけはなかろう、とおっしゃるあなたに逆に質問です。『論語』の本文中で、孔子が思想家である、あるいは儒教の始祖であると書かれている個所《かしょ》を教えてください。ありませんよね。そう、『論語』には、孔子が思想家であるとも儒教の始祖であるとも、書かれていないのです。

多くの人々が長年にわたり増補や改訂をくり返してきた跡が見える『論語』ですが、最初にまとまったものを書いたのは、孔子の孫弟子やそのあとの世代が中心です。孔子に言及しているほかの書物はみんな、孔子の死後一〇〇年以上たってから書かれてます。それに比べれば、『論語』の編者たちは、孔子にかなり近かったわけです。その彼らが、孔子を思想家とも儒教の始祖とも呼んでないんです。

思想家かどうかには議論の余地が残されてますが、〝儒教の始祖〟に関しては、完全なまちがいです。儒教は、孔子の死後数百年たってから体系化されたものです。ブッダやイエス、ムハンマドと異なり、孔子には自分が宗教家であるという自覚すら、あまりなかったはずです。

世間の人たちから尊敬されたい、ちやほやされたい、有名になりたい、最終的には国全体を治める王様になりたい、って壮大な野心には燃えていましたが、それは信者を増やそうとする宗教家の意識とは異なる感じがします。孔子は自分の意志とは関係なく、死後に儒教の聖人としてまつりあげられただけなんです。

●孔子は思想家ではない

思想家、という肩書きも実態にはそぐわないものです。孔子本人が耳にしても、ワシ、思想家なんかじゃないよ、と否定するんじゃないですか。

孔子は思想と呼べるような体系的な哲学を確立していません。孔子の言葉は場当たり的できまぐれ、ときに意味不明です。祭《まつり》（祭祀《さいし》）の詳細について人に聞かれ、知らんけどこんな感じかな、と自分の手のひらを指し示した（八佾《はちいつ》第三）なんてわけのわからない言動もあります。

これについては、孔子の言葉にはすべて深遠でありがたい意味が隠されていると信じて疑わない研究者たちがさまざまな解釈をひねり出してますが、どれもムリヤリなこじつけでしかありません。

知らないことは知らないと認めるのがホンモノの知だよ（為《い》政《せい》第二）、などと弟子には教えるくせに、自分はなんでも知ったかぶりをしてしまう、負けず嫌いな孔子。その性格からすると、知らない、と認めるのがくやしいもんだから、意味ありげなていを装って、その場をしのいだだけじゃないですか。

そうかと思えば、苗のままで穂にならないこともあるし、穂を出しても実がならないこともあるよ（子罕《しかん》第九）、などと、そんなのだれでも知っとるわ！　ってことを得意げに口にしてみたり。駅前とかでときどき見かける、色紙並べて売ってる路上詩人みたいです。あいつら、自分ではスゴくいいこと書いてるつもりなんでしょうね。おばちゃんたちが趣味でやってる絵手紙と同レベルの薄っぺらい言葉でしかないのに。

（注・『論語』では、各章の数字の前に学而《がくじ》第一、為政第二、などと漢字二文字がついていますが、これは各章の出だし二文字をとっただけであり、とくに意味はありません）

●孔子の言葉は矛盾だらけ

それに、『論語』を通読すると目立つのが、さっきといってること違うじゃん！　とつっこみたくなる矛盾点の多さ。

「為政第二」では「四十にして惑《まど》わず」、ワシは四〇歳で迷いがなくなったと自慢してるのに、「憲問《けんもん》第十四」では、惑わないのが君子の条件だが、ワシはまだそうなってないよ、と謙遜《けんそん》する。

「公冶長《こうやちょう》第五」では、悪いことや怨《うら》みを忘れて根に持たないことを勧めておきながら、「憲問第十四」では怨みには怨みをもって報《むく》いよ、と弟子に復讐《ふくしゅう》を焚《た》きつけてます。

「雍也《ようや》第六」では、君子は困っている人を助けるものだといってるくせに、「公冶長第五」では、他人に親切にした人に対し、バカ正直なことをするなと批判。

「陽貨《ようか》第十七」にいたっては、礼で大切なのはカタチではなく精神だ、とバッサリやった数ページあとで、ちかごろ、礼のカタチが守られてない、と激怒する始末。

なんかもう、その場その場で適当なことをいってるだけなんですね。一本貫く芯《しん》となる信念みたいなものがない。居酒屋でクダ巻いてるオッサンと一緒。

もし、「相田みつをは現代日本を代表する思想家である」と外国のメディアで取りあげられてたら、あなたは納得しますか？　よほど熱心なファンはべつとして、たぶんほとんどのかたは首を横に振るでしょう。「あれは思想なんかじゃなくて単なるポエムだろ」と。

孔子の言葉もあんな感じと思っていただければ、あたらずといえども遠からず。その場しのぎに、なんとなーく意味ありげな言葉をつぶやいてるだけ。それを、孔子の言葉にはなにか深遠な哲学的真理が隠されているにちがいない、とカン違いした後世の信者たちが深読み合戦を重ねた結果、いつのまにか孔子は偉大な思想家と持ち上げられてしまったというわけです。

ところで余談ですが、〝思想家〟って、職業なんでしょうか？　職業ならそれでメシを食えなきゃならないはずですが、現実的にはムリですよ。なんか考えていれば、だれだって思想家を名乗ることはできます。元手や経費はかからないけど、それで生活はできません。

思想家というのは、愛妻家や愛犬家と同じくくりの概念です。妻を愛してる人、犬をかわいがる人、考えごとが好きな人といった、その人の特性のある一面をあらわしているだけです。

厚労省がつくっている職業分類表には、二万八〇〇〇種以上の職業名が載ってますが、そのなかに思想家は見当たりません。日本では国から職業として認められていないのです――いえ、日本では、っていうか、どこの国でもきっと扱いは同じでしょうけど。

思想家を自称する人たちは実際には、大学教授としての給料や、物書きとしての原稿料で生計を立ててます。税務署や役所に提出する書類の職業欄に思想家と記入したら、まじめに書いてくださいと突っ返されかねません。おそらく大学教授や文筆家、作家などと記入してるはずです。

孔子の本当の職業は？

だったら孔子の本当の肩書き・職業はいったいなんだったのか？　長々と引っ張りましたけど、そろそろ、もっとも実態に近いと思われる答えをお教えしましょう。

『論語』に収録された孔子の発言のほとんどは、普段の生活や授業の合間などにしゃべった日常会話の切れ端です。孔子が私塾を開いた目的は、弟子たちに思想や道徳を教えるためではありません。孔子は自ら、宮廷儀式や葬礼《そうれい》・祖先供養《くよう》に関する具体的な作法のエキスパートであると触れ回り、就職活動をしていました。弟子たちが孔子の塾に入った目的は、そういった作法を学んで就職に役立てるためでした。実際、弟子のなかでも優秀な数名は、就職に成功していました。だから孔子の職業を現代風に的確に表現するなら、「葬祭《そうさい》ディレクター」もしくは「宮廷マナーコンサルタント」とすべきです。そうした本業を活かすための仕官がかなわなかった後半生は、もっぱら生徒に教える就職予備校経営で生計を立てていたのですから、「塾経営者」「予備校講師」「マナー講師」としてもまちがいではありません。

●本を書かなかった孔子

孔子は生涯、一冊の本も残しませんでした。古来、孔子の書とされてきた書物はすべて別人の手によるものであるとする見かたが、研究者のあいだでは定説となってます。

いまどきの日本では、たまたまヒット商品を出して儲《もう》けただけの中小企業の社長でも、経営哲学を語る本を出版するのが珍しくありません。自分の成功体験や成功哲学を本にするのがある種のステータスなのでしょう。でも本を出したあとで会社が潰れて自己破産してる社長もたくさんいます。具体例としてあげますと――それは悪趣味なのでやめときましょう。

人はエラくなると必ず本を出版したがります。本を出すという行為には、自分は知的水準の高い人間であると宣言して優越感にひたる目的もあるからです。そこから逆に、知的水準の高い偉人には必ず著作の一冊や二冊あるものだ、とする考えが生まれます。

古代中国の孔子信奉者たちも似たような考えを持っていたようで、偉大な思想家である孔子（ホントは思想家じゃないんだけどね）に著書が一冊もないというのはありえない、恥ずべきことだと考えたみたいです。そこで作者不明の書物を孔子の作であると捏造《ねつぞう》・吹聴《ふいちょう》したのでした。

でも出版文化が未発達だった古代では、著作を残さなかった偉人・思想家はさほど珍しくありません。ギリシアのソクラテスにも著書がないけど、それを恥だとか、だからソクラテスはダメな思想家なのだ、なんてけなす人はいませんよね。

まあ正確にいえば、ソクラテスも思想家ではありません。本業は彫刻家です。哲学的な議論をするのが好きな彫刻家のおじさんですから、本を書いて後世に名を残そうなんて気はさらさらなかったのかもしれません。

おしゃべり大好き

その人が書いた文章を読めば、その人がどれだけの水準の教育を受けたのか、だいたい推《お》し測れます。だからといって、しゃべることよりも書くことのほうが知性的だ、と決めつけてはいけません。しゃべるのが得意な人、書くのが得意な人、それぞれいるんです。

向き不向きがあるんで、なかなか両方得意な人ってのはいません。しゃべりのおもしろさや当《とう》意《い》即妙《そくみょう》の受け答えに定評のあるお笑い芸人でも、エッセイなどを書かせると、短いぶつ切りの文章しか書けないなんてのはよくあること（それでも有名人のネームバリューで本は売れるけど）。

ソクラテスも孔子も本を書かなかったのは、書くよりしゃべることのほうが好きだったからでしょう。不特定多数の読者に広く考えを伝えたいなら文章に書くほうが有効ですし、目の前の相手との対話を重視するならしゃべるほうが有効です。ソクラテスと孔子は、目の前の人との対話に重きを置いていたのです。

おもしろいことに、ソクラテスの弟子だったプラトンはたくさんの著作を残したのに、孔子の弟子で後世に残るようなものを書き残した者はだれもいないんです。『論語』の編集がはじまったのは、孔子の孫弟子あたりの世代からです。

ただしプラトンも対話を重視する師匠ソクラテスの姿勢は継承し、書物は読者と対話ができないので、書かれたものにはあまり価値がないといってます。

孔子の直《じき》弟子たちは、師の教えを忠実に守ったのか、なにも書き残しませんでした。それはわれわれ後世の人間にとってはやや残念な結果を生みました。じかに孔子の生《なま》の姿を見て言葉を聞いた弟子の証言を聞いてみたかった気もします。

『論語』の「郷党《きょうとう》第十」では、孔子はしゃべれないのかと錯覚するくらいに無口だったと書いてありますが、ウソでしょ。『論語』全篇で、あれだけおしゃべりしてるんですよ。無口なわけがありません。

弟子をたくさん集めた人気講師だったことも、それを裏づけます。カリスマ講師と呼ばれる人はおしなべて、生徒を飽きさせない巧《たく》みな話術を駆使するものです。口べたで滑舌《かつぜつ》の悪い講師が人気者になったという例は、あまり聞いたことがありません。

イタすぎるカンちがい

孔子の実像が葬祭ディレクターやマナー講師だったとわかっても、孔子の人間性が否定されるわけではありません。葬祭ディレクターやマナー講師も、思想家や宗教家と同じ立派な職業です。あ、ちがうか。思想家は国家から職業とみなされてない、うさんくさい存在でしたね。

葬祭ディレクターやマナー講師が弟子に理想の政治形態を語ったとしても、なんの問題もありません。ただし、本気で政治家になろう、総理や大統領や王になろうと考えて実行に移したら……？

それをやってしまったのが、孔子という男だったんです。いまの日本で、一介《いっかい》のビジネスマナー講師が一念発起《ほっき》、「私が総理になったら、日本国民にマナーを徹底させます！　そうすれば日本は、争いも犯罪もない理想国家になるのです！」とマニフェストを掲げて衆議院選挙に無所属で立候補したら、あなたは賛同して一票を投じるでしょうか。彼はトップ当選を果たすことができると思いますか。

到底、ムリですよね。街頭演説をしても、道行く人から冷たい視線を浴びるだけ。いえ、みんなアブナいヤツだと思って、目を合わせることもなくそそくさと前を通り過ぎていくことでしょう。

「アホか、なんでマナー講師が総理になれるんだ。マナーくらいでよのなかが良くなるなら苦労せんわ！」

そう吐《は》き捨てる大衆の心の声が聞こえてきそうです。

「景気や失業問題はどうするんじゃ！」

有権者のみなさま、彼は経済問題についてはまったく無関心です。正しい礼法やマナーを学べば、だれもがいい就職口を見つけられると主張します。ただし、礼法マスターを自任する彼自身、就職活動は失敗続きなのですが……。

そう、このイロモノキワモノ泡沫《ほうまつ》候補の〝彼〟こそが、孔子の真の姿なのです。

孔子と同時代の民衆も、みなさんと同じような感想を持ってました。「中国の王に、オレはなる！」とばかりに仲間と夢を追って冒険の旅に出た孔子は、笑われ無視されバカにされます。生前の孔子には、偉大な聖人の面影などかけらもなかったのです。

一介の葬祭ディレクター・マナー講師でしかなかった無名の男が、自分はこの国の王となるべく天から選ばれた人間なのだ、とイタいカン違いをした末に、礼法による平和的天下統一を目指すも夢破れ、失意のなかで生涯を閉じた――。関西の人ならきっと、けったいなオッチャンやな、とでもいうであろう変わり者。それが孔子という人物の実像なのです。

終生、認められなかった残念な人

だからこそ、『論語』の冒頭を飾る一編は「人知らずして慍《うら》みず（慍《いか》らず）」なんです。ここに孔子の人生がすべて凝縮《ぎょうしゅく》されています。世間の人たちが認めてくれなくても怒ったり恨んだりしない、それが君子ってものだからな。孔子の生きざまを象徴する強がりから『論語』ははじまります。

現在出版されている孔子の入門書や解説書は、そういった点まできちんと押さえてません。矛盾した記述を平気で載せてしまってます。たとえば学習研究社の『儒教の本』では、「孔子は時の人であった。名声も高まる一方だった」などと書いてあります。歴史的事実にも『論語』の記述内容にも矛盾しています。

孔子が時の人だったはずがないんです。みんなから讃《たた》えられる人気者だったら、人に認められなくても怒らない、なんてグチるはずがありません。人気者がそんなセリフを吐いたらイヤミです。

世間の人に認めてもらえなくても怒るな、嘆《なげ》くなというフレーズは、冒頭だけでなく、「学而《がくじ》第一」にもう一回、「里仁《りじん》第四」「憲問《けんもん》第十四」、そして「衛霊公《えいれいこう》第十五」では二回と、全部で六回も出てきます。有名になれないことが、ハンパないほど悔《くや》しかったんでしょうね。

ワシは人気者になりたいの！　世間の人たちからちやほやされて喝采《かっさい》を浴びたいの！　これこそが孔子の心の底からの叫びなのです。

わかりますよ、その気持ちは。きっとだれもが、心の中でくすぶらせているホンネです。なんで上司はオレを認めないんだ！　なんでオレの料理の味を客は認めてくれないんだ！　なんで私の本はこんなにおもしろいのに売れないんだ！（↑これは私のグチ）

とはいえ、孔子はグチりつつも、たやすくあきらめたり、キレて世間に背を向けたりはしませんでした。自分の価値を認めてもらいたくて、未練たらたらの悪あがきを終生やめなかったその姿勢を、皮肉抜きで私は評価しています。

『老子《ろうし》』『荘子《そうじ》』の皮肉でおもしろい考えかたには興味を惹《ひ》かれますが、最終的には世間に背を向けて隠者になることを勧めちゃうんです。孔子はイタいおじさんだけど、少なくとも、世の中をもっとよくできるはずという希望は捨ててません。そうじゃなければ礼法就職予備校を開く意味がないし、ダメだけど前向きな孔子の姿勢に共感したから、弟子たちも孔子についてきたのでしょう。

孔子礼賛《らいさん》を口にする有名企業の社長や学校の校長などは全員、孔子の本質を理解していません。彼らは成功者だからです。他人に認められないまま努力を重ねたけれど年収一〇〇万円くらいしか稼げない、なんて生活を何年も続けた経験のある人が、彼らのなかにどれだけいるでしょうか。

そういうみじめさを味わったことのない人には、敗者の王たる孔子の気持ちがわかるはずがありません。現代日本で孔子を礼賛している人たちは総じて、社会的地位がある保守的な権威主義者です。もしも彼らが孔子と同時代に生きていたら、権威とはまったく縁がなかった孔子を負け犬と嘲《あざけ》っていたにちがいありません。

本来、孔子は敗者のアイドルであり、『論語』は敗者のバイブルだったのです。『論語』で仕事ができるだの、『論語』が道徳教育にいいだのと公言している連中は、誤解にもとづいて捏造された偉大なる孔子像をあがめているだけ。そんな人たちに孔子を語る資格はないし、ましてや、曲解された孔子思想を社員や生徒に押しつけるだなんて、孔子を侮辱《ぶじょく》する愚行《ぐこう》でしかありません。

●弟子の数三〇〇〇人は盛りすぎ

両親には若くして死に別れ、妻と息子と娘がいたはずなのになぜか家族と距離をおいていた孔子にとって、弟子たちという味方の存在は大いなる救いだったはずです――が、ここでもひとつ、伝説のウソをただしておかねばなりません。

たしかに孔子が開いた礼法予備校は人気を博し、弟子を多数集めるまでになりました。

私のところで三年間学べば、就職できないわけがない！（泰伯《たいはく》第八）と就職に強いことをウリにしていたのだから弟子が集まって当然――ですが、伝わっているところでは、実際に就職できたことがわかっているのは優秀な少数の弟子だけみたいです。

そんな甘いもんじゃないでしょ。なにしろ孔子自身が、一四年間も各地を放浪し、就職活動をしたにもかかわらず失敗してるんですよ。それであきらめて学校を開いたような人に、三年学べば就職できるって豪語されてもねえ。

誇大広告も問題ですが、学校の規模に関する記述にも疑問視する声があがってます。

孔子の弟子は三〇〇〇人もいたなどと、歴史捏造ファンタジーとして悪名《あくみょう》高き『史記』には書いてありますが、この数字を信用してはいけません。中国の人たちは「白髪三千丈《はくはつさんぜんじょう》」だとか、おおげさに数字を盛るのがむかしから好きなんで、割り引いて聞かないといけません。現在でも国内総生産ＧＤＰの統計値を盛ってるんじゃないかと疑われているくらいですから。

そもそも魯国全体の人口は数十万人だったとされます。多く見積もって一〇〇万人として、そのなかの三〇〇〇人が孔子の予備校に在籍していたとおっしゃるの？

それがいかにありえない数字であるか、この比率を現在の日本にあてはめてみましょう。日本の人口をざっくり四捨五入して一億三〇〇〇万人としますと、三九万人の日本人が孔子の予備校に在籍している計算になります。なんたるビッグビジネス！

孔子の弟子の数も、『孟子《もうし》』あたりの時代までは七〇人くらいとされてました。孟子というのは、孔子とは縁もゆかりもないくせに、我《われ》こそが孔子の正統な継承者なり、と勝手に宣言して活動していた男です。

浅野《あさの》裕一《ゆういち》さんは『儒教《じゅきょう》　ルサンチマンの宗教』で孔子を中国最大のペテン師と喝破《かっぱ》してますが、私は孟子こそがその称号にふさわしい人物だと考えます。孔子はペテン師というよりは、野望が空回りしてばかりのダメおじさんです。孟子を筆頭とする後世のペテン師たちに聖人としてまつりあげられて、出世に利用されてただけ。孔子は被害者といってもよいでしょう。

孔子の偉大さを吹聴していた孟子でさえ七〇人といってるのに、三〇〇〇人も弟子がいたという伝説はあまりにも非現実的。どこでどうやって学ばせるのですか。四〇人学級としても七五クラスもあります。超マンモス校ですよ。超高層ビルや劇場のようなデカい講堂が必要になるはずです。東京モード学院か。

弟子たちはどこで生活するのですか。電車もバスもない時代に、近隣の村や町から通ってくるとでも？　全寮制だったら、これまた巨大な宿舎が必要です。だけど、そんな校舎や宿舎が存在した跡もないし、なにかとおおげさに吹聴したがる後世の孔子信者たちですら、巨大校舎伝説は語ってません。そう考えますと、やはり信憑性《しんぴょう》が高いのは、七〇人説です。

●触れてはならぬ孔子スキャンダル

週刊誌の人気記事として、いまもむかしも変わらず鉄板なのが、政治家のスキャンダル。定番はもちろんカネと女ですが、忘れたころにポロッと出てくるのが、経歴詐称《さしょう》疑惑です。

詐称疑惑で多いのは、学歴詐称か職歴詐称。いずれも政治家として致命的とまではいきませんけど、暴露《ばくろ》されれば好感度・信用度は確実に下がるので、政策提言よりもイメージで政治家を選ぶ有権者が多い日本では、かなりのダメージをくらいます。

礼法による天下統一をマニフェストに掲げ、中国の王を目指した孔子ですが、その経歴には多くの歴史家が疑問の声をあげており、疑惑がてんこ盛り。ひとむかし前なら疑惑のデパートとたとえられたところですが、いまならさしずめ、疑惑のＡｍａｚｏｎとでもなるのでしょうか。そこで、学校では教えてくれない孔子の経歴詐称疑惑について、検証しておきましょう。

孔子の名誉のために先にいっておきますが、詐称が疑われる経歴のほとんどは、後世の信者たちによってつくられました。『論語』のなかでは、孔子は自分の経歴に関して、驚くほどちょっとしか語ってないことがわかります。『論語』自らの出生も語られないし、孔子の死さえ描かれていないのです。まあ、死に関しては本人があとから語ることはできないのでしかたがないとはいえ、弟子も言及しないのが不思議ではあります。

ウソはあまりついてません。ただ、黙《だま》ってるだけ。けっこう見栄っ張りでおしゃべりな孔子がなにも口にしていないってことが、他人に自慢できるだけの経歴がなかったという証拠ともいえます。

『論語』の編者たちは、孔子の本当の経歴を知らなかったのか、はたまた、知ってて書かなかったのか。真相は想像するよりありません。

●孔子の父親、母親は？

まずは、その出自からして疑惑まみれで有名な孔子ですが、そこに関しては、とやかくいう必要はない、と私は考えます。人は自分の出自を選べない以上、出自で差別されることがあってはなりません。

妻子持ちの武士だった父親が、占い師をやっていた母親と浮気してできた私生児が孔子だった——という説が、いまのところもっとも有力です。もちろん『論語』には一切書かれていませんが、父母の大切さを説《と》く孔子が自分の父母についてまったく自慢めいた話をしないことからしても、複雑な想いがあったと思われます。

作家の楊逸《ヤンイー》さんは『孔子さまへの進言』で、『論語』の「顔淵《がんえん》第十二」をネタに、ウイットにとんだ皮肉を書いてます。主君は主君らしく、臣下は臣下らしく、父は父らしく子は子らしくしなければいけない、と『論語』にはあるが、孔子の父親が妻子持ちらしく、夫らしくしていたら、浮気はしなかったはずだから孔子も生まれなかったのではないか、と。

孔子を聖人とあがめる人々は、孔子が生まれつき王になる運命だったと信じたいらしく、孔子の出生についても神秘性を高めようと、ありえないエピソードを捏造しています。こどものころからだれにも教わらずに正しい礼法のまねごとをして遊んでいた、なんてのは、哀しいくらいにお粗末なウソなので、孔子びいきの研究者でも、さすがに信じてないようです。古代のマナーを勉強して身につけた、と『論語』でいってることとも完全に矛盾します。生まれながらにマナーを身につけていた天才なら、学ぶ必要はなかったはずですよね。

仮に孔子が私生児であったとして、だからなんなの？　それを理由に、国家のリーダーや聖職者としてふさわしくないだの恥だのという輩《やから》は軽蔑《けいべつ》しますね。人間、親は選べないのだから、出自や幼少時の育てられかたで人を評価するのは悪質な差別です。人間はあくまで、その人の才能や行為によって評価されるべきです。

礼法を学んだことがない？

学歴については、満足な高等教育を受けられずに若いころから職を転々として苦労してきた、と孔子自身がいってますから詐称はしてません。ただし、逆にそこが問題点といえなくもありません。

正式な高等教育を受けていないということは、孔子の礼法に関する知識はすべて独学、自己流なんです。古代の礼法に学んだと主張してますけど、出版文化がまだなかった当時に、古代の文献自体ほとんどなかっただろうし、あったとしても貴族や王族でなければそれを読むことは許されなかったはず。どこでどうやって学んだのかをあいまいにしてるあたりが、はなはだ心もとない。

当然といえば当然なのですが、孔子の礼法が自己流だったことはバレてしまいます。その話は、またのちほど。

●若いころはフリーター？

謎が多い孔子の経歴中、もっとも黒い疑惑を持たれているのは、やはり職歴詐称です。孔子が魯《ろ》の役人として採用されたのは五〇歳をすぎてからのことでした。ずいぶんと遅咲きですね。二〇代で一度採用されてけっこう出世したとする説もありますが、それだと一度失職して五〇代で再就職したことになるので、話が複雑になってつじつまが合わないところが出てきます。そのため専門家のあいだでも二〇代での就職説には否定的な見かたが多いようです。

じゃあ若いころの孔子はなにをしていたのか。家族に関する情報も非常に乏《とぼ》しいのですが、二〇歳前後で結婚し、こどもが少なくともふたり生まれていたようです。さすがに無職でヒモってわけにはいきませんよね。

いろいろ安っぽい仕事を転々として苦労したから、器用貧乏になっちまったのよ。それって君子らしくないよねぇ（子罕《しかん》第九）と自嘲《じちょう》ともグチともつかぬ身の上話を弟子にしてますから、あまり待遇《たいぐう》のいい職にはめぐり逢《あ》えなかったのでしょう。いまでいうフリーターとたいして変わらなかったのかも。

葬祭マナーの専門家を自称して弟子を集め出したのが何歳ぐらいのことだったのか、どの史料を見てもはっきり書かれてないんです。魯の歴史書『春秋左氏伝《しゅんじゅうさしでん》』によると、紀元前五三五年に、礼法に通じた者を雇おうって話が出て、当時売り出し中だった孔子の名前が候補にあがったとされてますが、そのとき孔子はまだ一八歳だったはずなので、この記述は信用できかねます。生まれつき礼法を知っていたとする神童伝説に引っ張られた記述ではなかろうかと。

実際に礼法の専門家として雇われたのは五〇過ぎだったんですよ。候補にあがってから採用されるまでが長すぎます。

孔子の三〇・四〇代は、ナゾに包まれています。『論語』の「為政《いせい》第二」の有名な一節（三十にして立つ。四十にして惑わず）によれば、三〇歳で独り立ちし、四〇歳で迷いがなくなったそうです。

てことは、三〇で葬祭マナーアドバイザーを名乗り、塾の看板を掲げたものの、なかなか世間から認知されずに悩んだりもしたけれど、四〇になるころには、ええい、もうこれ以外の道は考えないぜ！　死ぬまでやったるぜ！　と開き直って腹をくった――そんな感じにとらえるのが妥当《だとう》な線でしょうか。

●国家の重職に大抜擢《だいばってき》はありえない

さて、旧来の孔子の伝記・解説書では、苦難の末に、五〇代で孔子は人生の絶頂期を迎えたことになってます。若き日からの苦労がようやく報《むく》われ、なんと五〇をすぎてから、魯の役人として採用されたというじゃないですか。おめでとう！　ツラいことのあとに成功が訪れる。こういうＮＨＫの朝ドラみたいな展開が、日本人は大好きなんです。

最初は中都という町の宰《さい》（市長・知事みたいな職）として。そして、そこでの業績を評価された孔子は、国の法律を司る司寇《しこう》、そして大司寇へと登り詰めたのでした――。

大司寇というのは現在の日本でいうなら、法務大臣兼防衛大臣兼警察庁長官みたいな重要な地位に当たります。孔子が大司寇のような国家の重職に就いたのなら、大変なサクセスストーリーです。

朝ドラ的展開に喜んでいるみなさんには水を差すようなことを申しますが、不思議なことに、孔子が大司寇になったことは『論語』では一切、触れられてません。なにやら礼法に関する一役人として仕官できたことは文章からうかがえます。

実際の祭式行事に参加したエピソード（八佾第三《はちいつ》）もありますが、孔子の扱いはどう見ても新入りの下っ端です。ちっともエラくありません。

先輩の役人たちに祭礼のやりかたをいちいち聞いている孔子の様子に不審を抱いた人に、あいつ、礼法の専門家とかいう触れ込みで採用されたけど、ホントはなんも知らねえんじゃねえの、とハッタリを見抜かれてしまいます。すると孔子は、「確認して遺漏《いろう》のないよう努めるのが礼なのだ」とお得意のヘリクツですっとぼけてます。

その後数年で、本当に大司寇にまで成り上がったのが事実なら、敬愛する師匠《ししょう》が人生でもっとも輝いた瞬間をなぜ『論語』に記載して讃《たた》えないのですか。おかしいでしょ。

魯の歴史をつづった『春秋左氏伝』にも、孔子が司寇や大司寇になったとする記述はありません。岩波文庫版では翻訳者が、大司寇になったとカッコに入れて補ってるのですが、これは原文にはない情報を勝手に入れてるのだから意訳・超訳です。

『春秋左氏伝』の記述からは、孔子が礼法・占い・まじないの専門家として雇われたことがわかります。ですが孔子は数か所にしか登場しません。国家のＶＩＰである大司寇なら、そんな扱いのはずがありません。

孔子は法律や軍事の専門家ではないのですよ。自分でもそれを認めているくらいです。それどころか、暴力や争いごとを極力避けようとする平和主義者でしたから、大司寇になる素質としては正反対。当時の中国は生き馬の目を抜く戦乱の世。まさに即戦力が求められる時代に、みんなで礼を学べば戦争はなくなってハッピーになれるよ、などとのんきなことをいってる孔子が、たった数年で法務・軍事のトップに抜擢《ばってき》されるなんてのは、常識で考えてありえません。

このへんの職歴詐称疑惑をもっとも容赦《ようしゃ》なく追及してるのが、浅野裕一さん。そもそもキャリアの出発点となった中都という町が存在した記録が見つからないと、驚くべき事実を突きつけています。この指摘にまともな反論をした孔子研究者は、私が調べたかぎりでは、いまのところだれもいないようです。

ていうか、これまで数百、数千の研究者がいたのに、そんな基本的な事実確認すらしてなかったことに呆《あき》れます。従来の孔子研究が、いかに歴史的実証プロセスを欠いた印象論的なものでしかないか、おわかりでしょう。

ありもしない町の知事になれるわけがないのだから、そこでの業績を認められて大司寇に抜擢されることも絶対にありません。なによりあの自慢屋の孔子本人が、ワシは大司寇だったよ、とひとことも漏らしてないのだから、この経歴は後世の人たちによる捏造と、ほぼ断定できます。

●辞職ではなくリストラ？

孔子がどのへんの地位まで出世したのかはおいとくとしても、就職していたことはたしかです。ではなぜ、せっかくありついた仕事をたった数年で辞めてしまったのか――もしくは辞めさせられたのか。それもナゾとして残ります。

この経緯は『論語』の「微子《びし》第十八」で説明されていて、わりと有名なくだりです。斉《せい》の国から美女楽団が送り込まれてきます。歌って踊れるセクシー美女軍団、ちょっとたとえが古いけど、少女時代とＫＡＲＡが一緒にやってきた、みたいな？

事実上の国のトップである季桓子《きかんし》は、友好親善を装った斉の色仕掛けの策略にまんまとハマり、仕事そっちのけで美女楽団に夢中になります。孔子はその姿に失望し、自ら辞職した――。

こんな話を信じる人、います？　日本の総理がＫ‐ポップにハマって仕事をしなくなっちゃったから、官房長官が愛想《あいそ》つかして辞めた、なんてことが起こり得ると思います？

冷静に考えるとこの有名な美女楽団の話は、つっこみポイントだらけです。まず、美女楽団ごときで国のトップが骨抜きにされるものでしょうか。

中国古代思想史の専門家、渡辺卓《わたなべたかし》は『古代中国思想の研究』で、魯と斉の文化水準には大差はなかったのだから、美女楽団をそんなに珍しがって夢中になるのはおかしい、と指摘しています。

ごもっともな意見です。それに、魯も斉もほとんど同じ民族だから同じ顔つきをしてたはず。なのに、隣国の美女を見て骨抜きにされたとしたら、魯の女性はよっぽどブサイクばかりだったことになっちゃいます。

いまでこそ権力者の不倫や女遊びはスキャンダルになりますけど、そんなのはせいぜいここ一〇〇年くらいの新しい倫理観です。それ以前には国のトップに君臨するくらいの者なら、美女を妾《めかけ》として何人も囲うくらい、あたりまえのこととしてやっていたはずです。女よりも道徳が好きだってヤツは見たことない（子罕《しかん》第九）、と孔子もなかばあきらめ顔でつぶやいてるくらいですから。

仮に国のトップが女に狂ったとして、もしも孔子が大司寇のような重要な地位にいたら、それを諫《いさ》めることができたはずです。そうすべきだと弟子に教えてるのは、ほかならぬ孔子自身です。なのに孔子は諫めなかった。しょせん口先だけのチキンだった？　その可能性もゼロではありませんが、やはり国のトップにじかに会って意見できるような重要な地位についてなかったと考えたほうが腑《ふ》に落ちます。

孔子だって、他人《ひと》のことといえた義理ではないんですよ。斉に行ったとき、いにしえの音楽の素晴らしさに魅了され、三か月間、メシの味もどうでもよくなるくらいにドハマりしたと告白してるんです（述而《じゅつじ》第七）。

ん？　ということは、ちょっと考えにくいけど、本当に魯の音楽文化は斉に比べていちじるしく劣《おと》っていたのでしょうか。だとしても、自分がクラシックにハマるのはいいけど、おエラいさんがポップスにハマるのは許せないってのは自分勝手です。自分のことを棚に上げて他人を批判する資格はありません。

私はこの一件の真実は、孔子が能力不足を理由に役人をクビにされただけのことだろうとニランでます。美女楽団云々《うんぬん》は、その事実をごまかして孔子の名誉を守るための作り話ではないか。

礼法の専門家を自称して採用された孔子でしたが、その礼法の知識はすべて自己流であり、実際の宮廷でおこなわれている作法をまるで知らないことがバレてしまいました。自分は古代から伝わる礼法を研究したのだ、自分のやりかたこそが正統であり、きみたちが邪道《じゃどう》なのだ、なんて強弁《きょうべん》が通用するわけがありません。見限られた孔子は体《てい》よくお払い箱にされた――なんてあたりが真実に近いんじゃないですか。

さらにだめ押しをしておくなら、大司寇にまで登り詰めたほどの人物なら、辞めたあとも必ずどこかから仕事のオファーが来るはずです。法務大臣まで務めた国会議員が、所属政党の方向性に不満を抱いて議員を自ら辞職したあと、一四年もハローワークに通いますかね。企業や大学などが、それなりの待遇で迎えようとしますって。

ところが孔子は辞職したあと、一四年も弟子たちと職探しの旅に出ています。売り込んでも売り込んでも、だれにも採用してもらえない。もはや職探しだか自分探しだかわからぬ旅。たまに声をかけてくるのは、ヤクザとも革命家ともつかぬキナくさいヤカラのみ。これもまた、当時の正統な支配者層が孔子の能力をまったく評価していなかったことを示すなによりの証拠です。

それにしても一四年もの長旅ですか。超楽天主義なのか、異様にあきらめが悪すぎるのか。孔子と弟子たちはどうやって食ってたんでしょうね。みんなで日銭《ひぜに》を稼ぎながら、そんな長きにわたって旅ができたものなのか。この謎も、どなたか、ガチリアルに解明していただけませんか。

その生きざまが男の勲章《くんしょう》

さて、〝孔子ダメ一代〟とでも題したくなるほど残念な生涯をおくった孔子ですが、その死にふれずに締めくくることはできません。

不思議なことに、孔子の死について『論語』はなにも説明してません。「子罕《しかん》第九」に、孔子が危篤《きとく》になったときのエピソードがあるのですが、これを死の直前の様子ととらえるか、このあと回復したととらえるかは、解釈が分かれているようです。

孔子が危篤になると、弟子のなかでも出世頭である子路《しろ》がほかの弟子たちを指揮して、臣下がたくさんいる権力者にふさわしい形式の葬儀を準備しはじめます。するとそのことに気づいた孔子が子路を叱《しか》るのです。

ワシには家臣などいないのに、そんな立派な葬儀をしてはいかん。それは天をダマす不遜《ふそん》な行為だ。ワシはおまえたちに看取《みと》られて死ねれば満足だ。

これまたやっぱり、孔子が大司寇になんかなっていなかったことを暗示する一節です。あれほど礼法の型を重視した葬礼マナー・アドバイザーの孔子が、大司寇を勤めた男にふさわしい支配者層が執《と》りおこなうような立派な葬儀には値《あたい》しないと認めてるんですから。

私は素直にこの一節を、孔子の死の間際と解釈したいですね。そうすれば、なんだかんだいって、孔子は自分の信念を正直に貫いたまま人生を終えたのだと解釈できます。『論語』全体からすると死の場面が前半に収められていることになりますけど、もともと『論語』は時間軸に沿って編集されてるわけじゃないので、そんなにヘンでもない。

妻にも息子にも先立たれ（嫁に行った娘の消息は不明）、天涯孤独の身となっていた晩年の孔子。本当の家族と距離をおいていた彼にとっては、弟子たちこそが本物以上に縁の深い〝家族〟でした。国家も社会も大切だけど、なによりも大切なのは家族。その家族同然の弟子たちに看取られて、偽《いつわ》りの聖人君子としてでなく、ひとりの人間として死にたい。その言葉にはウソ偽りはなかったはずです。

これ、私は『論語』全編を通じてもっとも感動的なシーンだと思います。映画やドラマにするなら絶対ラストに持ってきます。なのに、ほとんどの孔子研究者は気にくわないらしく、無視を決めこんでます。

自分の才能を買いかぶりすぎて、頑張れば王になれるとカン違いしたダメな人。しかし、史上まれに見るあきらめの悪さで最後まで希望を捨てず、ダメっぷりとカン違いを貫き通した男、孔子。彼には聖人や君子などといったつまらぬ称号など必要ありません。その生きざまそのものが、男の勲章《くんしょう》なのです。

第３章　まちがいだらけの論語道徳教育

●毒にも薬にもならない『論語』の素読

道徳教育に『論語』を！　という声はいまだにときおりあがります。彼らは、『論語』をもとにした教育が過去になんの成果もあげなかったことをご存じないか、知ってて隠蔽《いんぺい》してるのです。『論語』がこどもの教育に使われるようになったのは江戸時代からですが、対象は武士の子弟だけでした。

それで結局どうなりました？　そうです。『論語』や儒教教育を勧めていた江戸幕府は瓦解《がかい》しました。皮肉なことに、幕府の支配体制を正当化するために取り入れた儒教教育は、江戸幕府の体制を守れなかったのです。

はて？　ということは、現代のこどもに『論語』を教えたがっている人たちは、現政権を崩壊させることを狙っているのでしょうかね？　こりゃ大変だ。政府の人たちは、なんとしてでも『論語』教育を阻止《そし》しなければいけませんよ！　それが歴史の必然なのですから！

などとおおげさに煽《あお》り立てましたけど心配ご無用、実際にはそれほどの破壊力も効能もありません。『論語』の素読《そどく》教育なんてのは、毒にも薬にもなりゃしません。どっかの幼稚園で実際にやってると新聞か雑誌の記事で読みましたけど、小難しい漢文の読み下《くだ》し文を暗誦《あんしょう》する芸をこどもたちに教えて、年寄りが喜んでるだけにしか思えません。

説明が前後しますが、素読というのは、文章の意味を解説せず、漢文の読み下し文をただ読ませたり暗誦させたりする教育法です。

「意味などわからなくてもいいんですよ。漢文のリズムが素晴らしいので、こどもたちは喜んで『論語』の文章をおぼえます」などと誇らしげに語る園長。

うん、まあ、芸をさせてるだけですからね。いまは元気よく暗誦してるけど、数年たてばすっかり忘れてしまいます。身になることなどありません。

幼児に英語を教えてる幼稚園は大正時代からありました。けれど、それで英語が話せるようになった人はいません。こどもは吸収も早いけど、忘れるのも早いんです。幼児英才教育は、ほとんどが無意味な芸でしかありません。

もうひとつ、園長さんはウソをついてますね。意味はわからなくてもいいなんて、本気で思っていないでしょ。

本当に意味がわからなくてもいいのなら、こどもたちに素読をさせるのはガマの油売りの口上《こうじょう》でも、『金瓶梅《きんぺいばい》』でもいいはずです。『金瓶梅』だって中国文学史では重要な古典として高く評価されている作品ですから。

なぜ『金瓶梅』が素読の教材として採用されないかというと、不倫などを題材にした不道徳なエロ文学だからです。かたや、『論語』には道徳的なきれいごとばかりが書いてあります。園児に意味をわからせたいから、『論語』を教材に選んだのは明白です。

●漢詩のすすめ

『金瓶梅』は冗談としても、漢文のリズムの素晴らしさを教えるなら、漢詩を読ませたほうがいいと思います。『論語』の文章は散文ですから、お世辞にも素敵なリズムとはいえません。形式的に整った漢詩のほうが絶対に美しい。孔子だって、弟子たちに詩を学べと強く勧めているではありませんか。

私も漢詩は好きですね。自然の雄大さや人生の無常観などを題材にした素晴らしい作品がたくさんあります。日本のこどもたちにも、意味も含めて、ぜひ学んでもらいたい。

白居易《はくきょい》の「新豊《しんぽう》の臂《うで》を折りし翁《おきな》」。若いころ徴兵忌避《きひ》のために自分で自分の腕を折り障害者となる選択をしたじいさんが、戦争の愚《おろ》かさを訴えるシリアスな反戦詩です。一〇〇〇年以上前にこんな詩があったことを、日本人も中国人も、いや、世界中の人が心に刻むべきです。

一転して笑えるのが、陶潜《とうせん》（陶淵明《えんめい》）の「子《こ》を責《せ》む」という詩。ウチには五人の男の子がいるけど、揃いも揃って勉強が嫌いで出来が悪い。孔子は一五歳で学問の道を目指したというが、ウチの子たちにはそんな気配もない。ああ、これが天命というものか。酒でも飲まなきゃやりきれない――。いつの世も、親の悩みは一緒なんです。

日本ではまちがった解釈が定着してしまったことで有名なのが、同じく陶潜の「雑詩」です。「歳月人を待たず」ということわざ、ご存じでしょう。それはこの詩の最後に出てくるフレーズなんです。日本ではこれを、若いときはすぐに過ぎ去ってしまうから、勉強や仕事に励めよ、という教訓として解釈してる人がとても多いんです。いかにも校長先生が朝礼で好んで話しそうなネタですね。

でも本来この詩の内容は、享楽的《きょうらく》・刹那的《せつな》なパーティーピープル賛歌なんです。大胆《だいたん》に意訳すると、こんな感じ。

人の命ははかないさー
この世に生まれりゃみなブラザー
浮き世を忘れてみんなで飲もうよ
若い時代は二度とは来ないよ
歳月は人を待たねえぜ！

教訓どころか、ＰＴＡから有害図書に指定されかねない内容です。

孔子の教えは大人向け

孔子は幼児教育や早期英才教育にはまったく関心がなかったようです。『論語』の「述而《じゅつじ》第七」で、弟子として入門を認めるのは、身のまわりのことを自分でできる年齢に達したものだけといってまして、それは当時の常識では一五歳ぐらいとのこと。まあ、自分も一五で学問を志《こころざ》したといってるわけですし。

つまり孔子の教えはすべて、最低限の道理をわきまえたオトナに向けて話されたものなのだということに留意してください。孔子はこどもを集めてしつけ教室や英才教育塾を開いていたわけではありません。道徳を教えていたのでもありません。孔子がやってたのは、弟子に実践《じっせん》的な祭礼マナーを教える就職予備校だったのです。

道徳じみた言葉の数々は、授業内容ではなく、普段のおしゃべりやグチとして交わされたもの。孔子本人もまさか、日頃弟子たちと交わしていた雑談が、死後に本になるなんて思ってなかったことでしょう。おいおい、おまえらさあ、本にするなら先にいっといてよ、そうしたらもう少しカッコイイこといったのに、とあの世で悔《く》やんでいるかもしれません。

『論語』を使ったあやしい道徳教育

お話の舞台は、東大などの有名一流大学に毎年多数の合格者を送りこんでいる、某私立中高一貫校。そこでは以前、校長自らがおこなう『論語』を使った道徳教育をウリにしていました。その校長は、いろいろあった末に辞職してしまいましたが、ありがたいことに、在職時にご自分の教育論を本にして出版しているので、当時の様子をくわしく知ることができます。

なお、具体的な学校名は伏せてお話しします。私はこの学校で過去におこなわれていた道徳教育について批判的ですが、現在の学校や生徒にはなんの関係もありません。当時の校長は便宜的《べんぎ》に「X校長」と呼ぶことにします。もちろん学校名も校長名も調べればすぐにわかることですが、私が批判したいのは、X校長が実践していたまちがいだらけの『論語』教育のみであることを、重ねて申し上げておきます。

さて、著書の記述によれば、X校長流の『論語』教育はこんな感じでおこなわれていました。まず校長が三五分間、『論語』に関する講義をします。三分や五分ではありません。サーティーファイブミニッツ、ガッツリとしゃべります。

生徒はX校長の言葉を一字一句漏《も》らさぬよう必死に書き取ります。ちょっと信じられませんね。

三五分しゃべるのはさほど難しくないですけど、それを書き取るために三五分間も手を動かしつづけるのは、大変な苦行《くぎょう》です。これはまさに孔子がいうところの〝仁《じん》〟、他人を思いやる心の欠《けつ》如《じょ》にあたります。

それが終わると生徒は清書したうえで、感想もつけて提出します。X校長や担任がそれをチェックし、コメントをつけて返却するというものです。

なんともユニーク……いや、ユニークを通り越してエキセントリックな教育法ではありませんか。

『論語』そのものを生徒に読ませて感想やレポートを書かせるのなら、理解できます。でもこのやりかたはとても奇妙です。X校長が『論語』を読んで考えた個人的な解釈を聞かせ、その感想を書かせているのです。いわば、映画『ローマの休日』を生徒に見せずに、『ローマの休日』の映画批評だけを聞かせ、感想を書かせるようなもの。

もしも、『ローマの休日』は人類の愚かさと強欲さを描いた傑作である、とX校長が講義したらどうでしょう？　映画を観たことのある人なら、なにいってんの、あれはラブロマンスでしょ、と反論できます。しかし元の映画を知らない生徒は反論できません。とりあえず校長の解釈を正解としてレポートを書くしかないのです。

●オカルトと自分の意見の押しつけ

Ｘ校長は、『論語』が素晴らしいものであり、かつ、自分の解釈は絶対に正しいものだという大前提のもとで感想をもとめてます。でも生徒は原典である『論語』を読んでないのだから、校長の解釈や批評が本当に的《まと》を射たものなのか、判断することができません。Ｘ校長は暗に、自分の倫理《りんり》道徳観への追従を求めているんです。

経歴を見たかぎりでは、Ｘ校長は『論語』研究の専門家ではありません。著書では独自の道徳教育法を論じてますが、私には出来そこないの自己啓発本にしか思えません。さまざまな自己啓発本とオカルト科学本から拾い集めた知識を、自分の意見に都合のいいようにあてはめてるだけ。

とりわけ目につくのが、最新の科学と社会学に関する乏しい知識と無理解です。

右脳と左脳で鍛《きた》えかたがちがうだとか、人間は脳の一〇パーセントしか使っていないから九〇パーセント開発するゆとりがあるといった、最新の脳科学研究では否定されている古い知識を得意げに披露《ひろう》しています（人間は脳を一〇〇パーセント使っています。一〇パーセントしか活動してなかったら重篤《じゅうとく》な脳障害です）。

ニューヨークの犯罪が減ったのは割れ窓理論（町の落書きを消したり、割れた窓を放置せず修理すると犯罪が減るとする仮説）のおかげ、市民の活動によるものだとするのも、ありがちなカン違い。

近年、アメリカの社会学者が、割れ窓理論のような活動は、ニューヨークではほとんどおこなわれてなかったことをあきらかにしました。犯罪減少は、ニューヨーク市警の組織改革によるものだったのです。犯罪が多発する地域をあらためて洗い出し、そこに警官を重点的に配置した結果、取り締まりが強化されて犯罪が減ったのです。

人間は育った環境に左右されると主張するために、オオカミに育てられた少女の例をあげてますが、これが捏造《ねつぞう》だったことも、とっくのむかしに暴露《ばくろ》されてます。近年、少年犯罪が増えたのは心の教育が足りないからだと力説してますけど、警察庁の統計を見れば、現在の少年犯罪発生率は歴史上もっとも少ない水準だとわかります。犯罪発生率と心の教育には、なんの関連もありません。

とまあ、あげればキリがありません。ご年輩のかたにはありがちなのですが、若いころに学んだ古い知識が無効になっていることを知らず、いまの現実に当てはめて、とんちんかんな結論を導き出してしまいます。学問は進歩しつづけているのです。なのにX校長も御多分《ごたぶん》に洩《も》れず、最新の科学の本や統計資料に目を通す努力を怠《おこた》っています。とにもかくにも、「勉強不足」のひとことに尽きます。

デタラメな雑学ばかりを生徒に講義して悦に入《い》ってたのかと思うと、生徒たちがかわいそうで、憤《いきどお》りすらおぼえます。それだけではありません。肝心《かんじん》の孔子と『論語』に関しての知識も、すべて付け焼き刃の薄っぺらな理解でしかありません。

その一方で、X校長の著書では、目上の人にへりくだれ、いいわけをするな、悪い言葉を使うな、といった言葉がくり返されてます。これらはすべて要するに、自分を批判しようとする者を牽制《けんせい》しているのです。

他人の批判に応《こた》えられるだけの勉強をしている者なら、目下の者から批判されようが、いいわけをされようが、きちんと答えを返せるはず。知に対する批判を道徳で押さえ込もうとするのは、おのれの知性に自信がない証拠です。

『論語』を使ったまっとうな国語教育

『論語』はおよそ二五〇〇年前の中国で書かれた書物です。原文はなにぶん古いし、漢字がただ並ぶだけで句読点なども一切ないので、専門家のあいだでも解釈が分かれる個所が多数あります。

そういった点を踏まえたうえで、さまざまな説や解釈を比較・検討・議論することで正しい学問的方法論や理解力・表現力・他者の異なる意見を尊重する態度などを養成するのに『論語』を役立てようというのなら、私も『論語』を教育に使うことに大賛成です。

高専で国語を教えている畑村学《はたむらまなぶ》さんの漢文の授業は独特で、非常に興味深いものです。『論語』の意味や文章構造を教えたあとで、孔子の考えへの賛否を二〇〇から四〇〇字で生徒に書かせるのだそうです。

単なる感想文ではありません。賛成にしろ反対にしろ、その根拠を示し、論理的に説明することが求められます。評価されるのは意見の内容ではなく、意見を論理的にきちんと説明できているかどうか、です。

とかく解釈の押しつけだけで終わりがちな漢文の授業を、コミュニケーション能力という現代社会に必要不可欠な能力の養成につなげようとしているのは、まさしく「故《ふる》きを温《たず》ねて新しきを知る」。素晴らしい試みです。

かたや、X校長がやっていた教育法では、生徒のどんな能力を伸ばせるのでしょうか。論理的な読解力でもないし、史料から歴史的事実を検証する調査力でもありません。

求められているのは、X校長がどんな道徳観や人生観を好むのかを推測し、それに合致した感想を述べられるかどうか。校長が喜びそうな感想を述べれば高評価が得られるし、反抗的な意見を書けば目をつけられます。つまるところ、この教育法で養われるのは、エラい人の顔色をうかがう処世術だけ。

生徒が将来、前例と年功序列を重視する官公庁や、オーナー社長が代々世襲《せしゅう》される老舗《しにせ》企業に就職して定年まで勤めあげるつもりなら、「空気を読む」処世術は不可欠な能力となります。そういう道を歩むであろう一部の生徒にとっては、たしかにとても実践的な教育ではあります。

ただし、グローバル化が進む今後の日本で、そのような社風の企業が生き残れる可能性はかなり低いといわざるを得ません。成長分野の企業ほど、柔軟な発想と果敢な挑戦が求められます。ヨイショとゴマスリだけが得意なイエスマンは、無能の証明とみなされてしまいます。

この学校の生徒のほとんどは有名大学を受験するのだし、ディベート（弁論対決）の全国大会に何度も出場している常連校でもあります。それくらいの知能・知性があれば、きっとX校長の講義の矛盾《むじゅん》にも気づいてたはず。そこをちょっと調べれば、校長の『論語』解釈のまちがいを指摘して、なんなくやりこめることもできたでしょう。

だけど、そんな青くさい反抗をしてオトナの面子《メンツ》を丸つぶれにしたところで、なにも得るものはないと生徒たちにはわかっていたんです。校長が喜びそうな無難な感想を毎回提出するのが思いやりだと気づいていたのでしょう。

X校長は著書で、自分が生徒に人格教育をしたおかげでわが校の学力は伸びたのだ、と誇らしげに自慢します。わかってませんね。X校長は自分が生徒を教育していたつもりでしょうが、実際には生徒たちのほうが、ワンマン校長の自尊心を傷つけぬようご機嫌《きげん》をとってあげてたんですよ。生徒たちのほうが、よっぽどオトナです。

それにそもそも学力が伸びたのは、現場の先生がたの熱心な学習指導・受験指導のおかげですよね？　そこをほめずに自分の道徳教育のおかげなどと吹聴《ふいちょう》し、部下の手柄を横取りするのは、君子や人格者のすることではありません。

●『論語』は道徳心や学力とは関係ない

さて、その後この学校で起こった事件は、非常に象徴的でした。

X校長は経営方針をめぐって理事会と対立、事実上の解任処分を受けて学校を去ることになるのです。

この事件は当時、週刊誌などのマスコミでも取りあげられました。取材記事を読むかぎりでは、学校側と校長、どちらのいいぶんにも不審な点が多々あります。双方ともに自分に不利な事実は伏せて相手を批判してるフシが読み取れますので、私はどちらにも肩入れいたしません。

ただ、仮にX校長が倫理・道徳的に正しかったとしましょう。そして『論語』が他人の悪《あ》しき行動を変えられるほど影響力のあるものならば、校長は理事会を『論語』の精神で説得できていたはずではありませんか。なのに、日頃から『論語』の素晴らしさを生徒に叩《たた》き込んでいたX校長自身が、自分の地位を守ることすらできなかったのです。

生徒たちにはいい教訓となりました。組織の中で勝ち残るためには、大学に行って法律や経営学をきっちり勉強しとかないとダメってこと。まあ、それで生徒たちが身を引き締めて勉強に熱を入れるようになったなら、校長も本望《ほんもう》でしょう。

さらにいえば、彼自身にとっても朗報でした。人生の敗者となる経験をしたことでようやく、生涯負け犬のままだった孔子の苦悩や怒りを理解するためのスタートラインに立てたのですから。

校長が交代すると、この学校では『論語』教育をやめてしまいました。『論語』以外のさまざまな素材をもとに道徳の授業はやっているようですが、それによって進学校から不良の巣窟《そうくつ》に転落……なんて事態には、なってません。

なあんだ、『論語』を学んでも学ばなくても、こどもの道徳心や偏差値にはなんの影響も及ぼさないことが証明されてしまったじゃないですか。

●戦前は儒教道徳が根づいていた？

そろそろ『論語』信者たちは頭に血が上り、私に殺意をおぼえているころでしょうか。

「おまえはそうやって儒教道徳をおとしめているがな、戦前の日本には修身教育によって儒教道徳が根づいていたから、生徒は先生や親を敬《うやま》い、みんな道徳的に正しく生きていたのだ！」

では、むかしの人の声を聞いてみましょう。大正一〇（一九二一）年一〇月二一日付読売新聞。投書欄に寄せられた学生さん、ペンネームＧＹ生のご意見です。原文はちょっと長いので要約し、現代日本語表記にあらためてあることをご了承ください。（ちなみに現在、日本の新聞は投書欄での匿名《とくめい》使用を認めていませんが、戦前は逆にペンネームや匿名での掲載が普通でした）

俺の学校では修身に論語を教えてくださる。まことに有難《ありがた》いことだ。先生様は俺達を聖人にしてくださる気なんだろう。

しかしだ。俺は疑う。俺達が世の中へ出てから論語で教わったとおりにやって決して間違いないだろうか。

仮に孔子のような人が今の世にあったとしても世間はその人を喜んで迎えてくれるだろうか。馬鹿かお人善《ひとよ》しとして扱われなければ幸いだ。

論語なんかに書いてあることと我らが日常見たり聞いたりする世間の実際の有様とが、あまりにへだたっているので、大概の人がいいかげんに気抜けがする。

元来学校は世間とかけはなれたことを教えて世の中に超然とした人間を造るのが目的でもあるまい。

もし教育が、社会中の賢人物を養成するのが目的であったとしたら、骨董《こっとう》棚にあるような論語を講義するくらいなら新聞の三面の講釈でもやったほうがずっとましだよ。

随所に青くささは感じるものの、なかなか痛烈《つうれつ》な批判も含まれてます。

学校は、世間とかけはなれたことを教えるところではないはずだ。そのとおり。夢や理想を持ちつづけるのも大切ですが、実現しようと努力しなければ、いつまでたっても夢のまま。夢を実現するために必要な知識や知恵を授《さず》けて背中を押してやるのが学校教育の役目です。理想論とタテマエだけを教えて生徒を送り出したら、よのなかは迷える子羊だらけになってしまいます。

明治末に発売された『ポケット論語』がベストセラーになると、明治維新以来、長年忘れられていた『論語』が再注目され、その影響は学校教育にまで及びました。

でも生徒の反応は、総じて冷ややかなものだったようです。このとき競って『論語』の本を買い求めたのは、むかしを懐かしむ老人ばかりでした。『ポケット論語』の著者で論語ブームの仕掛け人だった矢野恒太《やのつねた》も、若者が興味を持ってくれなかったのは期待はずれだったと嘆《なげ》いています。『論語』の言葉が現実社会ではいかにむなしいか、賢い学生たちには見抜かれていたのです。

学生たちが求めていたのは、美化された過去の思い出なんかじゃありません。社会のさらなる改革だったのです。明治から戦前にかけて、全国各地の学校では生徒・学生による反抗活動がけっこう頻繁《ひんぱん》に起きてました。戦前はこれを「学校紛擾《ふんじょう》」と呼び、新聞などでもたびたび報道されてます。

こういう過去の歴史的事実を知らないと、学生運動は戦後にはじまったものと思いこんでしまいます。現に、戦前の世相はいつしか忘れられてしまい、むかしの学生は先生を尊敬していたのに……と捏造《ねつぞう》された過去の美しい記憶として語られてしまいがち。

この投書をした学生さんにも、ひとつ思い違いをしてるところがあります。いまの世では孔子があらわれても馬鹿にされるだけといいますが、孔子は同時代の人たちから、あからさまに馬鹿にされてました。孔子は弟子以外の人から尊敬されることなく、失意のうちに生涯を終えたのです。

孔子の時代よりも明治・大正時代の日本のほうが、孔子をリスペクトしている人は格段に多かったというのは皮肉ですね。

●「むかしはよかった」のウソ

戦前におこなわれていた修身教育や教育勅語《ちょくご》や儒教道徳は、なんの効果ももたらしませんでした。戦前の新聞・雑誌・書籍からは、不道徳なオトナやこどもの行動例が大量に拾えます。そして、それを嘆く人たちの声も、いまとまったく変わりません。

戦前にも、電車で年寄りに席を譲らない若者たちはざらにいました。人前で化粧をする女が増えて見苦しいと最初に問題視されたのは、大正時代のことでした（ウソだと思うなら、拙著『怒る！　日本文化論』をお読みください。具体的事例を多数あげて解説してあります）。

永井荷風《ながいかふう》は日記文学として有名な『断腸亭日乗《だんちょうていにちじょう》』に、何度も怒りを書き綴《つづ》ってます。こどもたちがレストランで走り回っても注意しない親。散歩していると、オトナをバカにする言葉を投げつけてくる無礼な近所のこどもたち。近頃の学校教育はたるんどる！　私のこども時代はこんなんじゃなかった、オトナに敬意を払ってたぞ！

もちろんその荷風の認識もまちがいです。荷風のこども時代やその前も、状況はたいして変わりません。江戸時代後期の『世事見聞録《せじけんぶんろく》』という書物には、ちかごろは武士も町人も坊主も百姓も、道徳心を失ってしまった、と嘆くグチばかりが書かれていて苦笑してしまいます。

いつの時代の人たちも、人々のこころは荒廃《こうはい》する一方だ、むかしはよかった（はず）と考えてます。その思想の源流をたどっていくと、ほかならぬ孔子にたどり着きます。

孔子はいいます。いまは人の心が荒れて殺伐《さつばつ》とした時代になってしまった。むかしは偉大な名君が善政をしき、人々は礼を守って清く正しく仲良く生きていたというのになあ。

……って、自分の生まれる何百・何千年前の時代のことなんか、孔子が知るわけないんです。

一〇〇パーセント、孔子の妄想《もうそう》にすぎません。

二五〇〇年前の孔子も、むかしはよかったといってます。だったら、人類は堕落《だらく》する一方なのでしょうか。二五〇〇年も退化しつづけていたら、とっくのむかしに社会は崩壊、悪で満ち満ちて、まともにおもてを歩けないくらいになってるはずです。『マッドマックス』や『北斗の拳』のような世界になってなきゃおかしい。

しかし現実はといいますと、いまの日本の犯罪発生率は、過去の歴史上もっとも低いのです。いや、日本だけではありません。ジャーナリストのファリード・ザカリアさんは『アメリカ後の世界』で、現在の世界は歴史上もっとも犯罪と戦争が少ない平和な時代なのかもしれないと示唆《しさ》します。

いまだに世界各地で戦争やテロが起きているじゃないか？　しかし冷静に比較すると、一九七〇年代や八〇年代には数百万人単位の犠牲《ぎせい》者が出る戦争があったのに、現在の戦争やテロではそれほどの犠牲者は出ていません。戦争や犯罪の実数は減ったのに、テレビやネットを通じた報道量が飛躍的に増えたことで、現代人は世界中の恐怖情報を知らされることになりました。そのため、むかしよりも危険が増したと誤解しているのです。

むかしは、よその県でこどもの誘拐《ゆうかい》事件が起きても、地元でしか報じられませんでした。ほかの地域の人は事件のことなど知らずに普通に生活してました。それがいまは、テレビの全チャンネルが全国津々浦々の事件を朝から晩までくり返し報じるために、犯罪が激増し、治安が悪化したかのように錯覚してしまうのです。全国規模で見ると、誘拐事件はむかしに比べてかなり減ってます。

詐欺《さぎ》の被害も同様です。ここのところ毎日のように、詐欺被害の増加が深刻だとテレビや新聞が注意をうながしてますが、戦前の昭和時代には、詐欺被害は現在の一〇倍以上起きてました。

修身や道徳教育をやらなくなった現代のほうが確実に、平和で安全なよのなかになってます。なのに、その歴史的事実を否定し、危険だったむかしのほうがよかったからむかしの道徳教育に戻そうといいつづけるアタマの固いオトナたちは、本当に度《ど》しがたい愚《おろ》か者です。

孔子も「むかしはよかった」病！

孔子はときおり、古代王朝について語ります。堯《ぎょう》や舜《しゅん》という名君が善政をしいていた古代には、だれもが道徳的にふるまい、幸せに暮らしていたのに、いまのよのなかときたらもう……。

またあるときには、ワシはむかしの夏《か》王朝の儀礼を知っている（八佾《はちいつ》第三）、と豪語します。

どちらも孔子が生まれるずっと前のことですから、自分の目で見たわけではありません。印刷技術もない時代だから、文字による記録はほぼ残っていませんし、孔子は貧乏人の小せがれです。

当時は公共図書館もブックオフもありません。支配者が持つ貴重な史料に目を通して勉強できるはずがありません。

早い話が、孔子は「むかしはよかった」病にかかっていたのです。しかもかなりの重症でした。民間に伝わる過去の伝承をいかにも自分が調べた真実であるかのようにいいふらし、私は過去の歴史や礼法にくわしいのだとする主張は、論理的・客観的に判定すればあきらかにウソなんです。決してほめられた態度ではありません。

もっとも、その狙いははずれましたけど。当時の人たちはそんな孔子の主張を、まったく本気にしませんでした。当時の人たちだってバカじゃないんです。孔子が何百年もむかしのことを知ってるわけがないことくらいお見通し。孔子って男は大ボラふきだとみんなから嘲笑《ちょうしょう》されたのでした。

『論語』からなにが学べるか

さんざんこきおろすようなことをいったあとで矛盾に聞こえるかもしれませんが、私は『論語』が嫌いではありません。道徳教材として使えないことはないと考えてます。

ただし条件があります。これまでの『論語』を使った道徳教育は、宗教教育との区別がきちんとできてないのが問題なのです。宗教教育では、神や教祖を批判することはタブーですが、道徳ならば批判も議論も可能です。

孔子を偉人として神格化しないこと。『論語』を聖書やコーランのような教典として扱わないこと。『論語』には多くのウソや矛盾が存在することも、包み隠さず生徒に教え、いいことばかりをピックアップしないこと。

以上の条件を守れるなら、『論語』はおもしろい道徳教材になり得ます。

そこで、ここからは『論語』の内容が本当に道徳教育に使えるのかどうかを具体例で検証していきましょう。

まず問題なのは、『論語』や孔子を信奉している日本人の多くが『論語』を誤読していること。それればかりか、孔子の教えを曲解・悪用している例がやたらと目につき、不愉快きわまりない。

企業の社長など社会的地位のある人が、自分個人の考えや倫理観を正当化するために孔子の言葉を都合よく切り取って引用しているケースがじつに多いのです。

俺の考えは紀元前の偉人孔子のお墨付きなのだから神の言葉も同然である。おまえらの反論は許さない、と孔子の威を借りておのれの考えを部下に押しつけるんだから、困った人です。『論語』ハラスメント、ロンハラといってもいいくらい。

『論語』を教育に、と推奨する日本人たちの言説は、この手の社長の戯《ざ》れ言《ごと》の受け売りであることがほとんどです。エラい人のいうことをむやみにありがたがる権威至上主義者たち。なんの先入観もなく『論語』を読む中高生のほうが、『論語』のヘンなところに気づきやすいのです。しかし、生徒から矛盾や疑問点を指摘されても、『論語』信者たちはまともに答えることができません。偉人のありがたい教えを茶化すとはなにごとか！　と怒ってごまかすのが関の山。

●「義を見てせざるは勇なきなり」の真意

えー、みなさんは、クラスでいじめがおこなわれているのを目撃してしまったら、どうしますか。

すぐに先生に報告しましょう。ですが、みなさんはこう考えてしまうかもしれません。もしも先生に告げたことがみんなにバレたら、今度は密告した自分がいじめの標的にされかねない。だから見て見ぬフリをしてやりすごそう——。

そういう態度は感心しません。勇気に欠ける行為です。古代中国の偉人、孔子は『論語』でこういいました。「義を見てせざるは勇なきなり」と。

この意味は、正義がないがしろにされているのを目撃したら、勇気を出して、正義にかなった行動を起こさなければいけない。それが人間としてやるべきことである、ということです。

……ん？　はい、そこで挙手してるきみ、なにか質問かな？

「先生！　パオロ・マッツァリーノという人の本に、それはまちがいだと書いてありました」

なんだって？　そんなふざけた名前の外国人に、なにがわかるというんだ！

＊

こんにちは、ふざけた外国人です。お言葉ですが、いま先生がお話しになった解釈は、本当にまちがっているのです。

ついでに、外国人には『論語』がわからないというのも心外です。日本人だって孔子から見れば外国人ではありませんか。いえ、それどころか、孔子の時代の人たちにとっては〝東夷《とうい》〟、東方の辺境に住む野蛮《やばん》人でしかありません。まあ実際、孔子の時代には日本人はまだ縄文《じょうもん》時代だったのだから、『論語』が理解できない野蛮人といわれても返す言葉がありませんけど。

「義を見てせざるは勇なきなり」。これが『論語』の一節であることすら知らずに使ってる日本人はかなり多いようですね。ところが『論語』の一節だと知っている人たちも、多くは意味を誤って解釈しています。

日本では一般的に、不正がおこなわれていることを見聞きしたのに黙《だま》っているのは勇気がないことだ、と正義を鼓舞《こぶ》する意味で使われます。

その解釈を孔子が耳にしたら、さぞかし驚くことでしょう。それは孔子の意図《いと》とはまるでちがう解釈ですから。

孔子はこういってます。自分の祖先の霊《れい》でもないのにまつったりするのはまちがった礼法である。そして、正しいまつりかたを知っててやらないのも、勇気に欠ける行為である。

これだけです。「義を見てせざるは勇なきなり」は、祖先の霊を正しくまつりなさいよと戒《いまし》める発言だったのです。先祖供養《くよう》の正しいやりかたについて述べた、とても狭《せま》い意味の教訓でしかありません。

犯罪や迷惑行為をやってるヤツを見つけたら勇気を持って立ち向かえだなんて勇ましいことは、ひとこともいってません。そもそも孔子は、暴力行為に関わることを極力避けるのを基本方針として生きた人です。自ら悪人をとっちめようなんてするわけがない。日本人が勝手に〝義〟の意味を拡大解釈してしまったのです。

しかも、非常に残念な孔子の姿がこのすぐあと、「八佾第三《はちいつ》」の冒頭で描かれているのです。

孔子の時代、先祖供養のやりかたは、それぞれの家の格式などによって細かく定められていました（孔子の主張によればね）。なのに魯《ろ》国の重臣、季氏《きし》一族は、君主よりも一段低い身分でありながら、自分たちが国の実権を握っているのをいいことに、君主と同等の身分不相応なやりかたで盛大に先祖供養をしていたのでした。

と、孔子は主張して季氏を批判するのですが、その批判は弟子にぶつくさ不満を漏らすだけにとどまります。あれれれれ。それこそまさに〝勇なきなり〟ではありませんか、孔子先生！　季氏の面前で、あなたがたは不義をおこなっている！　悔《く》いあらためよ！　と批判することこそが、君子たる者の務めではないのですか！

ま、そりゃいえませんて。事実上の国家最高権力者を批判したら、どんな仕返しやイジワルをされるかわかったもんじゃありません。国賊《こくぞく》としてその場で刺し殺されることもじゅうぶんあり得ます。

それに、孔子の弟子も何人か季氏に雇われてお世話になってるんです。立場の弱い孔子としては、義を見ても口をつぐむしかありません。

孔子は『論語』のなかで、けっこう季氏の悪口をいってます。あの一族は三代、四代と同族で政治を牛耳《ぎゅうじ》ってるが、そんな長続きするわけない。そろそろ没落《ぼつらく》するころだぞ、などと不吉な予言めいたことをいいますが、もちろんすべて弟子の前での陰口です。

そこで本日の道徳授業の教訓。

生徒諸君、哀しいかな、これがよのなかの現実というものなのですよ。

きみたちのお父さんも、社長や重役にもの申したいことはたくさんある。でも、社長の怒りを買って会社をクビになったら家族を養えなくなります。きみたちの学費も住宅ローンも払えなくなってしまいます。だから、会社で不正がおこなわれていても、なにもいわずにガマンするんです。

学校の先生も例外ではありません。校長や教育委員のやりかたに不満があっても、なにもいいません。きみたちのお母さんも、なんでＰＴＡの役員とかやらなきゃいけないのかしら、あんな無意味なことやめればいいのに、と陰で不満を漏らします。

私もそれは正論だと思います。日本のＰＴＡはいったんすべて解散して、本当に必要とされる最低限の活動のみを、有志による自由参加で続けるべきだと思いますよ。でも日本の母親たちは、前向きな変革を望みません。

オトナたちはみんな〝勇なきなり〟です。そんなヘタレなオトナたちが、こどもたちに「いじめを見て見ぬフリするのも、いじめに荷担《かたん》するのと同じです。勇気を出して先生に報告しなさい」なんていったとしても、真《ま》に受ける生徒はいませんよ。

「己の欲せざるところは人に施すなかれ」は的外れ

これも頻繁《ひんぱん》に引用される『論語』の有名な言葉です。「己《おのれ》の欲せざるところは人に施《ほどこ》すなかれ」（顔淵《がんえん》第十二）。自分がしてほしくないことは他人にもするな、って教えです。

一見、とても道徳的なことをいってるように思えるのですが、この教えを現実の具体例にあてはめて考えると、まったく使えないことがわかってきます。

自分がしてほしくないことは他人にもするな、ということは、自分がされても気にならないことなら、他人にしてもかまわない、ということになってしまいます。

たとえばセクハラなんてのがそうですね。セクハラをされる側は、お尻にタッチされたり、まだ結婚しないのか、こどもを産まないのか、なんて言葉をかけられることを非常に不愉快に感じてます。してほしくないことなんです。

ところが、セクハラをする側の人間はそう考えてません。その程度のことは日常のコミュニケーションの一部じゃないか、なんで気にするんだ、まったく冗談も通じないんだよなあ、などと軽く見ています。自分はそのくらいのことをいわれたりされたりしても気にならない。だから他人にしてもいいじゃないか、気にするのがおかしい、って理屈《りくつ》です。

こういう考えかたの人間に対し、孔子の教えはまったく意味をなしません。

いわゆるリストラ——日本での定義は、会社が不要とみなした社員をクビにすること——はどうでしょう。自分は働きたいと望んでるのに会社をクビにされるのは、だれだってイヤです。自分がイヤなことは他人にもしない、となったら、だれもクビにできません。

道徳的・人道的には称賛に値《あたい》する会社ですが、会社そのものが倒産して、全員同時に職を失うおそれは否《いな》めません。現実に、有名一流企業が倒産した例はありますからね。はたして、孔子の教えを守ればみんなしあわせになれるのでしょうか。

自由な批評活動も一切できなくなってしまいますね。自分の作品がけなされるのは、だれにとっても不愉快です。ホンネをいえば批判してほしくありません。自分がされたくないことは他人にしてはならないなら、他人の作品を批判してはいけないことになりますね。

批評や感想はすべてほめるだけしか許されないとなったら、どうでしょう。たしかに傷つく人はいなくなります。しかし、学問や技術や芸術の発展にとってはマイナスになるでしょう。

他人の論文の内容を批判してはいけないとなれば、デタラメや捏造のやり放題。たとえ故意ではないにせよ、論文のまちがいは批判されずに放置されます。

作品に賛否の声があり、それに納得したり反論したりといった議論が活発におこなわれることで、技術も芸術も磨《みが》かれていくんです。

「自分がしてほしくないことは他人にもするな」の欺瞞《ぎまん》

そもそも、「自分がしてほしくないことは他人にもするな」だなんて、どうしてそんなまわりくどいことをいうのでしょうか。

もし、本当に他人の気持ちを尊重する気があるのなら、もっとストレートに、「相手が嫌がることはするな」と教えるはずです。こっちのほうが絶対に正しいですし、この教えでなければ解決できない問題はたくさんあります。

たとえば、全国で問題になっているゴミ屋敷問題。自分の家や庭に大量のゴミやガラクタを積み上げて近隣住民を困らせている人がいます。彼らはゴミを溜めることでしあわせを感じているのです。当人にとってはゴミではなく大切なコレクション。「自分がしたいこと」をしてる彼らに向かって、「自分がしてほしくないことはやめろ」と諭《さと》したところで議論が噛《か》み合うわけがありません。

セクハラもいじめも同じことです。「自分がしてほしくない……」では永久に互いの主張は平行線。「相手が嫌がってることはするな」でないと、問題は解決に向かいません。

なんで「自分がしてほしくないことは……」という使えない教えを広めたがる人がいるのでしょうか。

それは、「自分がしてほしくないことは他人にもするな」という教えにはある巧妙《こうみょう》なトリックが仕込まれているからです。そこに多くの善良なる人々は気づいていません。

そのトリックとは、判断基準があくまで自分にあるということ。

「相手が嫌がることはするな」だと、相手の反応をうかがって自分の行動を決めなければなりません。この場合、自分の意志よりも相手の意志が優先されるのです。自分がいくらしたくても、相手が嫌がってたらやめなければなりません。

その点、「自分がしてほしくないことは……」ならどうですか。いかにも相手を思いやっているそぶりを見せながら、じつは巧妙に決定権を自分の手に残しているんです。

具体例で説明しましょう。ここに、体罰を用いてこどもの教育をしたいと望んでいる教師がいるとします。もし「相手が嫌がることは……」に従うと、こどもが体罰を嫌がったら、体罰をふるえなくなってしまいます。

しかし、「自分がしてほしくない……」という縛《しば》りなら、こういう理屈が成り立ちます。「私もこどものころ体罰を受けて育った。そのおかげでまともなオトナになれたことに感謝している。いまから思えば体罰を受けてよかったと思う。もしも私がこどもに戻ったら、また体罰でしつけてほしい。だから私も、こどもが嫌がろうと、彼らの将来を思って、体罰をふるうのです」

表面的には立派そうでいて、中身はどす黒く歪《ゆが》んだ論理です。この手の主張をする人たちは、体罰によってケガ人や死人がたくさん出ているマイナス面の事実を無視します。

こういう理屈で体罰を正当化している人は実際にけっこういます。相手の気持ちよりも、自分の気持ちを優先することを可能にする自己中心的な人間にとって都合のいい規則、それが「己の欲せざるところは人に施すなかれ」なのです。

しばしば孔子は〝思想家〟と紹介されます。東洋のソクラテスなどと持ち上げられることもあるのですが、孔子は思想家を名乗れるほどにものごとを深く考察していません。単なる〝道徳家〟です。議論によって思考を磨かず、ヘリクツでごまかすだけなので、孔子の教えは総じて浅い。

孔子の教えを正しくする方法

だったら、孔子の教えはどうすれば正しくなるのか？　私ならこういいます。

「相手が嫌がることは、できるだけするな。互いの主張が異なる場合は、そのつど、双方が納得するまで話し合って決めろ」

はい、これは道徳ではありません。これは、民主主義です。

そのつど話し合うなんてめんどくさい？　そのとおり。民主主義とは、とってもめんどくさいものなんです。

独裁国家では、独裁者が決めた掟《おきて》や道徳を一律に当てはめて、すべての善悪を決めてしまいます。とてもラクです。ただし、このやりかたを選んだ者には、もれなく独裁者の奴隷《どれい》になるという特典がついてきます。

孔子は民主主義を知りませんでした。それを思いつくこともできなかったのです。それが孔子の限界でした。

人民が政治の主役になり、だれもが平等な権利を持ち、話し合いで主張に折り合いをつけられる民主主義という仕組みを知らないから、孔子は、知的・道徳的にすぐれた君主による独裁が最善の国家だと考えたのです。人民の権利が存在せず、独裁政権しかなかった孔子の時代には、独裁者にいいひとになってもらおうとする考えは、あながちまちがいではありませんでした。

でも、民主主義が存在する現代では、孔子の政治思想をありがたがるのは無意味です。孔子と違って、われわれは為政者に意見をいえるのですから。それを知ったら孔子はさぞかしうらやましがったことでしょう。

●なぜ論理が飛躍するのか

次に、『論語』の冒頭部分を読んでみましょう。『論語』は孔子のこんな言葉からはじまります。

学びつづけて復習もする。楽しいじゃないか。

ともだちが遠くからたずねて来てくれた。楽しいじゃないか。

世間の人たちが自分をわかってくれなくても怒らない。それが君子《くんし》というものだ。


訳者によって細かい解釈の違いはあるはずです。たとえば、復習は「つねにする」と読む説と、「ときどきする」と読む説があります。

でもそんなのは些細《ささい》な差なので、気にしなくてけっこう。重要なのは文章全体の流れです。学習するのは楽しい。遠くから来たともだちと久しぶりに会うのも楽しい。勉強と友情、あまり関係ないことを並べていってる気もするけど、まあ、そうだよね、とうなずけます。

ところがその次、三行目で読者は困惑《こんわく》してしまいます。やぶから棒に、世間が自分を認めないからといって怒らないのが君子だ、などと文脈を無視したグチが孔子の口からとびだすからです。最初の二行であるあるネタを披露したかと思ったら、三行目では、それとまったく関係ない個人的なグチをこぼしてるんだから、論理的思考が得意な生徒ほど、これを読むと頭のなかが「?・?」となるはずです。

欧米の生徒ならたぶん素直に、「なぜいきなり関係ないことをいってるんですか？　文脈が飛躍していませんか？」と先生に質問します。でも日本の生徒は質問しません。日本の学校では、わからないことを質問するのは教室の空気を乱す重罪に値するからです。

だいたい、そんな質問を受けたら先生のほうが言葉に詰まってしまいます。なぜ関係ないことをいうかって？　ん……ここにはな、われわれ凡人《ぼんじん》には理解できない、孔子の深遠な思想が隠されているんだよ。はい、じゃ次、行きまーす。

生徒はこれで一気に『論語』への興味を失います。

これではお世辞にも〝教育〟とはいえません。教育者たる者、矛盾から逃げるのは怠慢《たいまん》です。

なぜ孔子はいきなり関係ないことをいってるのか？

答えは簡単。『論語』は孔子が教室で語った講義ではないからです。『論語』に書かれているのは、孔子が普段弟子たちとおしゃべりした言葉ばかりです。人間は、普段だれかとおしゃべりするときに、自分の発言に論理的一貫性を持たせようなどとは考えません。その場その場で適当な話をします。だから日によっていうことが違ったりするのが普通です。

もしも『論語』が、孔子本人が書いた講義録だったら、矛盾をできるだけなくそうとしたはずです。書いた文章はいくらでも推敲《すいこう》ができますから。しかしどうやら、孔子は自分の発言を本にして後世に残すつもりは全然なかったようです。孔子くらいの知性があれば、本の一冊や二冊書くくらいできたはずなのに書かなかった。ということは、意図的に書かなかったと考えていいでしょう。

思想を文字にしてしまうと、証拠が残るからごまかしが利きません。その点、話し言葉はその場かぎり。その場その場の思いつきで適当なことをしゃべれるし、同じ質問をされても、弟子によって答えを変えてもわかりゃしません。

発言や行動の矛盾を追及されると、とっさのヘリクツでごまかすのを得意としていた孔子にとっては、文字に残さずおしゃべりをしていたほうが好都合だったのでは——ちょっとイジワルな見かたですけど、ほかに納得のできる理由は思いつかないんですよね。

●過去の人を神格化しない

孔子のような偉人を茶化すのは失礼だぞ！　そんな怒りの声が聞こえてきそうですが、それこそが問題なんです。

私にいわせれば、過去の人物を神格化して尊敬するよう強要する人たちこそ、人間という存在を侮辱《ぶじょく》しているのです。

人類誕生以来今日《こんにち》まで、完全無欠の人間などひとりも存在しなかったはずです。どんな人間にも欠点はあります。というよりも、人間は基本的に欠点だらけの存在です。ひとつでも光る長所があれば、それでじゅうぶん称賛に値する、それが人間というものです。

自分がダメな人間であることを自覚し、だれもがダメであることを認めるところから出発しなければ、人間というものを見誤ります。

むかしの人はエラかったという考えには、なんの意味もありません。その考えかたは、相対的にいまの人間をおとしめることにしかならないからです。

過去の人たちは、偉人でも英雄でも神でもありません。ただの人間です。いま生きているわれわれとまったく同じ人間です。

正しい歴史認識でまとめるなら、

「むかしの人もエラかったし、いまの人もエラい」

先にだれかがなにかを成し遂げたことで、あとの時代の人が恩恵を受けることもあります。しかし、先人たちにできなかったことを、いまの時代の人が成し遂げている事例もたくさんあるのです。

さらにいえば、先人たちがつくり上げたダメなルールや無意味な風習などの負の遺産によって、現代人が苦しんでいる例もあるのです。

つまり、先人のしたことは功罪相半《あいなか》ばしているわけです。いい面だけを見て先人を尊敬するのも、悪い面だけを見て先人を誹《そし》るのも、どちらもまちがいです。

そもそも、むかしの人たちは、後世の人に尊敬されたいからエラいことをしたのですか？　あなたの先祖は、子孫に尊敬されようとして生きていたのですか？　そんなわけはない。

みんな、いまを生きるために、自分と家族のためになにかをしたんです。それがたまたま後世によい結果を残すことにもなったし、意図せずに負の遺産となってしまう場合もある。それだけのこと。

ダメな姿を美化しない

偉人伝を読ませれば、こどもが偉人にあこがれ、偉人を目指し、偉人になるだろうなんて思ってます？　いま五〇代で社長をやってる人たちはこどものころ偉人伝を読んでいて、五〇代でリストラされて無職の人は偉人伝を読まなかった人なのですか？　それはまったく無関係ですよね。

偉人伝には美談しか書かれていないことも問題なんです。どんな立派な人間にも、ダメなところ、悪いところはあります。なのに偉人伝は、偉人を立派でいいひととしか描きません。

『論語』の信奉者として知られる明治の経済人渋沢栄一《しぶさわえいいち》の伝記には、多くの企業や銀行を経営し、日本経済の礎《いしずえ》をつくったことは書かれてますが、多くの愛人を囲って多くの私生児をつくったことは書かれてません。でも本当は、ともするとスキャンダルとみなされる側面にこそ、人間味が出るものなんです。

渋沢は女をとっかえひっかえ捨てていたろくでなしではありません。全員ちゃんと養っていたわけで、それはある意味、通常とはべつのカタチのヒューマニズムでもあるのです。だいいち、それを不道徳と断じてしまったら、私生児たちの存在を否定する侮辱になってしまいます。そのほうがよっぽど非人間的です。

いきなり尾籠《びろう》な例ですが、兵士の心理を研究しているデーブ・グロスマンさんによると、第二次大戦時、アメリカ兵の四分の一は戦場でおしっこをチビり、八分の一は大のほうをチビってたという報告書があるとのこと。

そりゃそうですよ。まわりに実弾が飛び交うなかで、身の置き所が数センチずれるだけで死ぬかもしれない状況に放り込まれたらおしっこくらいチビりますって。第二次大戦中に精神衰弱で戦線を離脱した米兵も、五〇万人以上いたとされてます。

ところがそうした事実が公《おおやけ》に語られることはありません。先人のお漏らしを公にするのは侮辱することになるからでしょうか？　私は逆に、先人のダメな姿を認めてあげずに美化することこそが、人間性を否定する失礼な態度だと思うのです。

しかし戦争映画には、かっこいい兵士ばかりが登場します。そこにあるのは、かっこいい勝利か、かっこいい死。おしっこ漏らしちゃうかっこ悪い場面は描かれません。

だからその事実を知らずに戦地におもむいた兵士たちは、自分が戦場でおしっこチビると、ああ、俺はなんてダメなヤツなんだ、と劣等感に苛《さいな》まれてしまうのだそうです。先人のダメを認めてあきらかにしていれば、彼らはああ俺もむかしの人と同じなんだな、と自尊心を失わずにすんだはずなのに。

努力は必ず報《むく》われるわけではない

人間は素晴らしいものです。それに異論はありません。でも、道徳の授業はそれだけではいけません。人間のいい面、素晴らしさ、素敵なエピソード、ほっこりする話、感動実話、日本人の誇り……。

そんなのはきれいごとに過ぎないことを、こどもたちはみんな知ってます。現実の社会はいいことばかりじゃないことも。いいひとばかりじゃないことも。誇れない日本人もたくさんいることも。

人間のダメなところを隠そうとするから、道徳の授業はウソくさくなって反発を招くのです。いい面も悪い面も、包み隠さず教えればいいんですよ。

ダメな人の生涯や、失敗した人生を教えれば、その轍《てつ》を踏まずにすみます。最悪の事態を避けるのに役立つことを教えるのも、道徳の大切な役割でしょう。

そう考えますと、がぜん、孔子のダメ人生が輝きを放ってくるんです。

孔子は生涯、努力しました。でも、結局成功しませんでした。「この世の王に、オレはなる！」って目標は、遠い夢のままでした。支配者どころか、なれたのは下っ端《したっぱ》役人まででした。魯国の法務大臣にあたる大司寇《だいしこう》という役職に就いたという話は、後世の孔子信奉者がでっちあげたフィクションです。もしも孔子が大司寇だったのが事実なら、孔子を師と仰ぐ弟子たちが、そんな重要なことを『論語』のなかでひとことも触れないわけがない。

孔子が偉人になったのは、死後何百年もたってからのこと。生きてたときには人々からダメなヤツだと笑われていたのです。

そう、『論語』は、残酷《ざんこく》だけれどとても大切な人生の真実を教えてくれます。努力は必ずしも報《むく》われないということを。

努力は必ず報われるなんてウソをこどもに教えるのは、最低のオトナです。努力が必ずしも報われないことなんて、スポーツを見ればあからさまにわかるでしょ。優勝できるのはたったひとり、もしくは一チームのみ。あとの全員が敗者です。残酷すぎる現実です。

優勝以外のチームは努力しなかったから報われなかったのですか？　いいえ、努力したんです。もしかしたら優勝チームよりも努力してたかもしれません。努力が足りないから負けた、とはかぎらない。勝敗とは、そういうものです。

努力は必ず報われると考えるのは危険です。そう考える人は、報われてない人を見たときに、あいつは努力が足りないのだから自業自得《じごうじとく》だ、困っていても助けてやる必要はない、と冷酷《れいこく》に突き放すのです。

●ダメな孔子をリスペクトしていた弟子たち

孔子は自分が立てた目標を達成できなかったのですから、その結果から判断すれば、孔子は生涯、ダメな人だったことになります。同時代の人たちも、孔子をダメ人間とみなしてました。

ではなぜ、そんなダメな人に、何十人もの弟子がついてきたのでしょうか。

おそらく、弟子たちはダメだけど努力しつづける孔子の生きざまを認めていたのです。彼らは孔子が偉人だから尊敬していたのではありません。立派な人だから慕《した》っていたのでもありません。偉大でもないし、立派でもない、世間の基準でいえばダメな人だと承知のうえで、孔子を尊敬し、慕っていたのです。

そう考えないと、なぜ『論語』に孔子のダメエピソードがたくさん収録されているのかを説明できません。そのときどきで主張が異なり、矛盾を指摘されるとヘリクツで逃げる。ときに強がりをいったかと思えば、ワシはもうダメだと心が折れてみたり。自分の知性やあやしげな経歴を自慢する一方で、出世頭の弟子に嫉妬《しっと》する面もある。なんとも人間くさいひとです。

人々の評価はさんざんです。弟子の子路《しろ》が街に入ろうとして門番に止められたので、孔子の弟子だと名乗ったら、ああ、できもしないことばかりいってるあの人ね、と小バカにされます（憲《けん》問《もん》第十四）。

孔子と弟子たちの旅の途次。川の渡し場がどこにあるか地元の人にたずねると、おまえの師匠《ししょう》は、なんでも知ってると自慢してる孔子だろ？　だったら渡し場の場所も師匠が知ってるはずじゃないか、とイジワルして教えてもらえません（微《び》子《し》第十八）。

このような、『論語』に書かれた孔子のダメエピソードの存在に気づいたのは、私が最初ではありません。なんの先入観もなく読めば、多くの人が気づくはずですし、中国史や中国文化の専門家にも、指摘している人はいます。

そうした指摘に対し、孔子信奉者は異を唱えます。そのような孔子のダメエピソードは、儒教を批判する道教《どうきょう》の影響を受けて、あとからつけ足されたものなのだ、と。

これ、まったく反論になってません。彼らはどうやら、それは本来の『論語』とは異なる部分、異質な個所だから無視していいとでもいいたいようですが、だったらなぜ『論語』の編集者たちはダメエピソードの収録に反対しなかったのですか。

『論語』の編集者は、みんな孔子を信奉していたはず。もしも、道教の強い影響を受けて孔子や儒教に批判的な人たちが編集に参加したら、ダメエピソードを追加して孔子の権威をおとしめるなんてまどろっこしいことはしませんよ。全面的に改稿するか、『論語』そのものを葬《ほうむ》り去ってます。

逆に、編集者たちが孔子の偉大さ・神聖さのみを強調したかったら、ダメエピソードをすべて削除する道を選んだはずです。現に、いま日本の書店に並んでいる、『論語』を教育やビジネスに役立てよう、みたいな自己啓発本は孔子のダメエピソードに言及していません。偉人・聖人にふさわしい言葉だけが紹介されてます。

つまりこの矛盾を説明できる結論はひとつだけ。『論語』を編集した弟子や孫弟子たちは、ダメな孔子を認めていたのです。世間からバカにされようと、暴力的になることもなく理想を追い求めつづけた、ありのままのダメな孔子をリスペクトしていました。その気持ちを隠すつもりなど、さらさらなかったんです。

●ダメな人に共感できる道徳教育を

むかしの中国の人たちって、ダメな人に対してわりと寛容で、ダメッぷりを楽しんでいたような気配すらあるんです。

『論語』とまったく異なる時代の作品なので、直接比較対象にはなりませんが、中国文学の古典として日本でもおなじみの『西遊記《さいゆうき》』。孫悟空《そんごくう》のお話ですね。これに登場する三蔵法師《さんぞうほうし》もまた、じつはけっこうダメな人だったといったら、驚かれますか？

日本人のほとんどは『西遊記』をこども向けの小説かテレビドラマで知ったはずです。そういった作品は原作小説をかなりアレンジしてあります。そこに登場する三蔵法師は、つねに冷静沈着《ちんちゃく》で、悟空たちを正しい道からはずれないよう教え諭す賢者として描かれます。

でも全訳版の原作小説を読めばその印象は覆《くつがえ》されます。三蔵は幼いころから仏門での修行に明け暮れていたせいか、かなり重度の世間知らず。それゆえに、悪意はないけど融通がきかず、悟空たちに対してしばしばけっこうワガママな態度をとります。三蔵のワガママが一行をたびたび窮地《きゅうち》におとしいれてしまうパターンが原作ではお約束となってまして、かなりめんどくさい人なのです。

人っ子ひとり住んでなさそうな山中で、ああ、おなかがすきましたよ、悟空、食べるものをすぐに用意しなさい、なんて平気で命じるんです。で、悟空がしぶしぶ食べものを探しに行ってるスキを突かれ、案の定、妖怪《ようかい》に三蔵が連れ去られてしまうという、非常にベタな展開がくり返されます。

あまりのワガママ連発ぶりに愛想《あいそ》を尽かし、悟空がキレて逃げ出したりもしますし、原作では三蔵をけっこう人間くさい存在として描いているんです。

そこがむしろ、当時の読者にはウケたのではないでしょうか。もしも三蔵が完全無欠の聖人君子だったら、ピンチを呼び込むこともなく、無事に旅が終わってしまいます。それじゃ話が全然盛り上がりませんよね。

欠点のない偉人・賢人には、われわれ凡人は感情移入することができないんです。立派な人にもダメな一面があるとわかることで、逆に親近感がわくんです。

そういうやさしい目で孔子の人生を見てあげてください。ちっともエラくなれなかったけど、あきらめることなく努力してダメな人生をまっとうした人。そう考えれば、数々のグチとヘリクツもかわいいもんだと思えてくるというものです。

孔子のダメな人生は、こどもたちにダメな人への共感の念を呼び起こします。偉人・先人を尊敬しなさいという教育こそが、他者への共感能力のないモンスターを育てるんです。

偉人しか尊敬できないこどもは、偉人でない人間を軽蔑し、ダメで役に立たない人間は排除してもよいとすら考えるようになりかねません。未成年の集団がホームレスに暴行を加えたり殺したりする事件は以前からありますが、もしもダメな孔子に共感できるような道徳教育をしていたら、そんな恐ろしい事件を防げた可能性もありますよ。

第4章　封印されたアンチ孔子の黒歴史

ずっとマイナーだった孔子と『論語』

古いものはなんでも素晴らしいとでも思っているのでしょうか、『論語』ファンのみなさんは、大陸から日本へ『論語』が伝わってきた経緯は『古事記』にも記されているのだよ、などとその歴史の古さを得意げに自慢《じまん》します。

そう強調されるわりには、現在でも読むことのできる日本の著名な古典文学、随筆のなかで、孔子や『論語』について触れているものはほとんどありません。この温度差を、どう解釈すべきなのか。

たいていの孔子や『論語』の入門書では、日本での孔子の評判について江戸時代以降のことにしか言及していません。江戸時代には庶民《しょみん》のあいだにも儒教道徳が広まっていたのだ、とかなんとかおっしゃいますが、『古事記《こじき》』の時代から江戸時代までの空白期間が長すぎますよね。

それもそのはず、古代日本に上陸したものの、孔子も『論語』も日本では、かなり長いこと知る人ぞ知るといった程度のマイナーな存在でしかなかったのです。

日本で孔子が偉人としての名声を確固たるものとし、ちょっと教養のある庶民層にまで儒教思想が広まったのは、ようやく江戸時代後期になってからのことでした。それより前の日本の文献では、孔子は無名の存在であるどころか、批判や嘲笑《ちょうしょう》の対象となってることが多いんです。

現在書店に並んでいる孔子本のほとんどは、孔子を信奉する著者によって書かれたものです。本の著者たちは、孔子こそが史上最高の思想家であると人々に信じさせたいのです。孔子のありがたい教えを守れば、ビジネスも教育も人間関係もすべてうまくいくと布教したい人たちが、孔子のマイナス情報を語るはずがありません。こうして、日本でのアンチ孔子の黒歴史は封印されてしまったのです。

しかし、証拠にもとづいて過去の事実を広く知らせるのが、正しい歴史学のありかたです。都合の悪いことは隠し、いいことだけしか伝えない態度こそが、歴史の捏造《ねつぞう》を生み、結果的に後世の人たちをダマす裏切り行為になるのです。

後世の人たちからウソつき先祖と罵《ののし》られないためにも、封印されていたアンチ孔子の日本史を、文献からきちんとひもといていきましょう。

孔子も恋では失敗する？

まずは、日本で文字文化が花開いた平安時代から。平安時代の文献には、孔子がときどき顔を出してます。

有名どころだと『枕草子《まくらのそうし》』でも、一個所《かしょ》だけ孔子について言及しています。ええ、たった一個所ですね。しかも作者の清少納言《せいしょうなごん》は言及している儀式について誤解してます。

毎年二月に宮中で定考《こうじょう》とかいう行事をやってるようだけど、あれ、なんだったかしら。たしか、孔子（ちなみに当時は「こうし」でなく「くじ」と読んでいた）の肖像画とかを飾るやつだったわよね。

などと、うろおぼえの適当な知識を披露《ひろう》しているのですが、孔子の肖像を飾って讃《たた》える行事はおそらく釈奠《せきてん》のことで、これは定考とはまったく別の行事です。

釈奠というのは、年に二回、孔子を祀《まつ》る儒教の儀式です。儒教が正式な宗教として根づかなかった日本では、おもに儒教を学ぶ学者や学生たちによってひっそりとおこなわれてきました。

この記述から確実に読み取れるのは、清少納言が儒教や孔子にまったく興味関心がなかったという事実です。イケメンとか、自分が興味のあるテーマについては饒舌《じょうぜつ》に語るのに、孔子についてはほぼスルー。

『源氏物語《げんじ》』にも一個所、孔子が登場します。いえ、正確にいうと登場はせず、「孔子《くじ》の倒《たお》れ」ということわざとしての間接的な登場です。

孔子の倒れ、あるいは孔子倒《くじだお》れということわざは、孔子のような聖人でも恋愛となると、あやまちを犯してしまうのだ、という意味です。このことわざ、現在ではほとんど目にしなくなってしまいましたけど、井原西鶴《いはらさいかく》の作品にも見られますので、江戸時代なかばくらいまではわりと普通に使われていたのでしょう。

さてここで、ことわざに詳しいかたから異論が出るかもしれません。孔子の倒れは、そういう意味ではなかったはずだけど……？

そう、孔子の倒れにはもうひとつ、「エラい人でもときには失敗をする」という意味の用法があります。対象を恋愛に限定せず、弘法《こうぼう》にも筆の誤《あやま》り、猿も木から落ちると同じような意味でして、現代のことわざ辞典には、こちらの説明のみが載っていることが多いんです。

たしかに私もおかしいと思いました。孔子は色恋沙汰《ざた》についてはほぼなにも語ってないし、自身のスキャンダルも皆無《かいむ》といってもいい元祖草食系男子です。その孔子が、なぜ恋であやまちをおかす意味のことわざになってしまったのか。

たぶん、恋愛すらしない四角四面なカタブツキャラの孔子が、人はこう生きるべきだ、みたいなことを上から目線でいってくることに、むかしの人たちもムカツいてたんでしょうね。西鶴は、クソ真面目な人間を「孔子くさい」と形容しています。孔子を嫌ってたむかしの人たちが、聖人ともっとも遠い恋愛での失敗を結びつけてからかったのでしょう。

ただし語釈的には、この恋愛失敗談はあとづけの意味であり、エラい人でもときには失敗する、のほうが本来の正しい解釈だと思います。なぜなら、その由来は『今昔《こんじゃく》物語（今昔物語集）』のなかでも説明されているからです。

といいましても、前置きしておかねばなりません。『今昔物語』には孔子が登場するエピソードがいくつもあって、古典のなかでは破格《はかく》の扱いなのですが、そのエピソードはすべて『荘子《そうじ》』から借用してアレンジされたものなんです。

本来ならオリジナルの『荘子』のほうから説明すべきところですが、今回は日本における孔子評価をテーマにお話ししてますので、『今昔物語』バージョンで説明します。

『今昔物語』のドライな現実主義

現代まで残っていて読める日本の古典で、最初に孔子を大々的にフィーチャーしたのは、『今昔物語』だったといってもいいでしょう。『宇治拾遺物語《うじしゅういものがたり》』にもほぼ同じ話が収録されてますが、年代から考えると、『今昔』が『荘子』からパクり、さらに『宇治』が『今昔』をパクッたようです。

日本で教育を受けたかたなら、中学か高校の国語・古文の時間に全員習ってるはずなので、いまさらかもしれませんが、『今昔物語』について簡単にご説明します。日本・インド・中国のいろんなエピソードを集めた本で、いまはむかし、ではじまる説話のあとに、教訓めいた言葉で締めくられるのがだいたいのパターンです。

有名なわりに、全話通して読んだというかたは、めったにいません。じつにもったいない。『今昔物語』の本朝部《ほんちょう》と呼ばれる日本編は笑い話も多いので、現代人が読んでもおもしろいですよ。いまもむかしも人間の心情は同じだなあと感心するネタもあれば、現代人からすると不道徳としか思えない倫理観が称賛されていて困惑《こんわく》することも。

古文で読めなんて無茶はいいません。平凡社の東洋文庫版は読みやすい現代語訳なのでおすすめです。公立の図書館ならたいてい蔵書にあるはずです。

『今昔物語』を通読しますと、当時の人たちの倫理観はけっこうドライで、現実主義的傾向が強かったことに気づかされます。

家に強盗が押し入ったけど、身を隠して辛《から》くも難を逃れた男。でも強盗が家をあとにして遠ざかっていく段になって、どうしてもくやしさがつのり、お前らの悪行《あくぎょう》は検非違使《けびいし》（当時の警察組織）に報告してやるからな！　と叫《さけ》んでしまいます。するとそれを聞きつけた強盗が引き返してきて、男は殺されてしまいます。

教訓。大和魂《やまとだましい》のないバカな男だなあ。

意外かもしれませんが、本来の大和魂とは、思慮分別《しりょふんべつ》のある行動をとれる精神のことだったのです。平安時代の人たちは現実的でした。人間にとって大切なのは、知恵を使って生き残ること。

大義や正義なんてくだらないロマンのために命をなげうって戦うのは愚《おろ》かな行為として蔑《さげす》まれました。

時代背景を考えれば当然といえなくもないんです。それこそ当時は庶民にとって、いまとは比べものにならないくらい危険な時代でした。

ここ数年、六〇、七〇代の高齢者のあいだで山歩きがブームになってるそうですね。私は登山はしませんが、旅行用にリュックを買おうかと登山用品店を覗《のぞ》いてみたら、客の大半が高齢者で驚きました。

高齢者が山歩きを楽しめるなんてのは、平和ないまの時代だからできるんです。平安時代に、勝手の知らない山にうかつに入り込んでうろうろしたら、いつ山賊《さんぞく》に殺されて金品を奪《うば》われてもおかしくなかったのです。

だからさきほど紹介したお話でも、義憤に駆られて正義を叫んだために殺された男に同情などしないのです。バカなやつだとバッサリ斬り捨てて終わり。

正義が暴力に勝てない時代に生きる人たちに、道徳でよのなかや政治を素晴らしいものにできる、などと理想主義を語る孔子がどう思われたのでしょうか。

●孔子をコケにしまくる『今昔物語』

『今昔物語』に孔子が登場するのは中国編、第十巻の第九話から。出だしの人物紹介では、学識が広く、たくさんの弟子がいて、国の人々はみんな尊敬して頭《こうべ》をたれたなどと、いちおう偉人として持ち上げてます。しかし続きを読むと、これが笑い話の単なるフリでしかないことがあきらかになります。

孔子が車で道を行くと、こどもたちが道の真ん中で、土の城をこさえて遊んでいます。孔子が、その城をどけて私の車を通してくれないか、というと、こどもは、車をよける城なんてないよ、車のほうが城をよけるんだよ、とヘリクツでまぜっかえします。

ここでたいていのオトナなら、うるせえ、ガキ！　と一喝《いっかつ》し、土の城を車輪で踏み潰して通ってしまうところですが、そこはさすが非暴力主義を貫く孔子さま、自分のほうが城をよけて通るんです。

しばらく行くと、今度はこどもたちがいい争いをしています。ちょうど通りがかったのがあの賢人孔子と知ると、こどもが質問してきます。太陽が近くにある日の出のときより、太陽が遠くにある日中のほうが暑いのはどうしてなの？　理科が苦手な孔子が答えあぐねていると、こどもたちは笑ってこういいます。孔子さまはなんでも知ってるって聞いてたけど、じつは愚かな人なんだね。

すると孔子は怒るどころか、この子たちはただ者ではないな、といたく感心するのです。

孔子信者のみなさんも、ここまで読めばそろそろ、愚弄《ぐろう》されてることに感づきます。わざと孔子を腑《ふ》抜けな人物として描いているのです。

この第九話には、まだ続きがあります。今度は弟子と歩いていた孔子が、垣根からウマが首を出しているのを見て、牛がいるというんです。弟子たちはわけがわからず互いの顔を見合わせるばかりですが、しばらくすると〝午《うま》〟という字の上に首が出れば牛という字になるというトンチなのだと気づきます。そしてこの話、このように孔子は賢い人だったので、みんなに尊敬されていた、と締めくくられます。

強烈《きょうれつ》な皮肉です。『今昔物語』の編者が孔子を尊敬していないのはあきらかです。こどもにバカにされたうえに、つまらないなぞなぞを弟子に出題して悦に入《い》ってるんですよ。平成風に表現するなら、「イタい人」です。頭がよくて尊敬されたむかしの偉人と紹介しておきながら、その具体例としてこのエピソードを持ち出すのだから、わざと愚弄している意図が見え見えです。

ちなみにですが、明治時代になって牛肉の消費が増えると、安い馬肉に〝午肉〟と表示し、牛肉と思わせて買わせる詐欺《さぎ》商法が流行しました。あとで客が文句をいってきたら、「ちゃんと

〝午《ウマ》〟って書いてありますが、なにか問題でも？」と開き直ります。まさか、『今昔物語』の孔子話からヒントを得たのではないですよね？

＊

つづく第十話では、孔子が丘の上で弟子たちと琴《きん》を弾いているところへ老人が通りかかり、弟子を手招きします。老人は孔子を指して、弟子にたずねます。あの人は国王か大臣か？　それに対し弟子はこう答えます。いいえ、あの人は賢人として国政をただし、善《よ》いことを勧める人なのです。すると老人、そりゃ大馬鹿者だ、とつぶやき去っていきます。弟子がこのことを報告すると、孔子は驚きます。その老人は偉大な賢人だ、呼び戻してここにお連れしなさい。

戻ってきた老人は孔子の行為を批判します。あなたのやってることは、川を流れている犬の死《し》骸《がい》を拾おうとして溺《おぼ》れ死ぬのと同じくらい無意味である。政治や世間をよくしようなんて考えるのはつまらぬことだ、かかわるのはおよしなさい。

ここでも孔子は怒りも反論もせず、老人に頭を下げるのみ。

偉人・賢人とみなされている孔子が、さらに賢い偉人の言葉にぐうの音《ね》も出ない場面を演出することで、相対的に孔子が凡庸《ぼんよう》であることを際立《きわだ》たせるテクニック。孔子ってさ、じつはたいしたこといってないし、考えかたも浅いよねー、みたいな。

＊

『今昔物語』の孔子出演エピソード、フィナーレを飾るのにふさわしい長めのお話が、第十五話です。

柳下恵《りゅうかけい》という賢人に会った孔子は、ひとこと苦言を呈《てい》します。民衆を震え上がらせている凶悪な盗賊団の首領、盗跖《とうせき》という男は、あなたの弟だそうですね。なぜあなたは、弟の狼藉《ろうぜき》を放っておくのですか。

放っておいたわけではないのです。あいつは私のいうことになど耳を貸さないので、もうあきらめました、と柳下恵は苦い顔で答えます。すると孔子は、ならば私が彼を諭《さと》しに行きましょうと、でしゃばっておせっかいを焼くのです。

いやいや、あいつを改心させるなんて、いくらあなたでも絶対ムリだからおやめなさい、と柳下恵は忠告するのですが、孔子は、人間、話せばわかるものですよ、私があいつを教え諭してご覧にいれましょう、と大見得《おおみえ》切って、よせばいいのに単身、馬に乗って盗跖のアジトへ颯爽《さっそう》と乗り込みます――

って、この時点で、すでに話の設定が破綻《はたん》してますよね。なんで孔子が盗賊団のアジトの場所を知ってるの？　しかも、ごめんくださーいと秘密のアジトを訪ねると、どうぞこちらへ、と悪のボスにすんなり面会できちゃう。まるでコントです。

歴史家によりますと、柳下恵と盗跖が兄弟という設定自体、ほかの文献にはなく、フィクションの可能性がきわめて高いとのこと。

さていよいよ稀代《きたい》の大悪党、盗跖と相対《あいたい》することになった孔子でしたが……盗跖の形相《ぎょうそう》が想像以上に恐ろしいもので、震え上がってしまいます。それでもなんとか気を取り直し、果敢に説教を試みる孔子。人は、道理や善に従って生きるのが、あるべき姿です。あなたのように悪事ばかりをしていると、ろくなことになりませんよ。

盗跖はそれを聞いて大笑い。なあ、孔子さんよ。あんた、古代の堯《ぎょう》や舜《しゅん》といった皇帝がよい政治をして民《たみ》から貴ばれたと吹聴してるそうだな。でも、堯や舜の子孫たちはいま、針を刺すほどの土地も持っていないではないか。お前の弟子の顔回《がんかい》（顔淵《がんえん》）や子路《しろ》は名の知れた賢者だったが、どちらも早死にしてしまった。オレは悪事を重ねているが、なんの災《わざわ》いもふりかからないぞ。

そもそもお前だって、エラそうなことばかりいってるが、朝廷を追い出されたではないか。お前のいうことはバカげていてなんの価値もないのだ。命が惜《お》しけりゃ、とっとと帰れ！

びびりまくった孔子は、馬に飛び乗ってその場をあとにしましたが、途中、くつわを取り損《そこ》ねたり、鐙《あぶみ》を踏み外したりとさんざんでした。

ここから、「孔子倒れ」という言葉ができたのである、と、ことわざの由来を説明して『今昔物語集』の孔子エピソードは幕を閉じます。

現在のことわざ辞典は、こちらの由来と意味を採用してるのです。たしかに、恋をするとだれでもおかしくなるという解釈よりも、こちらのほうが説得力がありますね。

●老荘思想のほうがウケがよかった平安時代

『今昔』の孔子エピソードはすべて『荘子』から拝借したものだと、先に申しました。

ここで、『論語』関連の古代中国思想を概略のみ、ごく手短に説明しましょう。

まず、『論語』があります。論語の思想を継承し、孔子を聖人にまつりあげる巧《たく》みな宣伝戦略によってさらにふくらませたのが、『孟子《もうし》』です。ここから儒教が思想・宗教として発展していきます。

その『論語』『孟子』の内容と思想に異議を唱えたのが、『老子《ろうし》』と『荘子』です。こちらの二冊を信奉するのが、道教《どうきょう》、あるいは道学といわれる思想・宗教です。

儒教と道教は対立関係にありました。平安時代の日本では、儒教はおもに学問に熱心な貴族のあいだで信奉されていましたが、一般的には、あまり人気がなかったようなんです。

儒教が道徳や型どおりの儀礼ばかりを押しつけてきてウザいのに対し、道教は厭世《えんせい》観にあふれた、世捨て人っぽい思想です。そのへんが諸行無常《しょぎょうむじょう》の仏教思想に通じるからでしょうか、平安時代くらいには、『論語』よりも『荘子』のほうに共感をおぼえる人が多かったようです。

平安時代にもなると、よのなかの階級化、階層化は定着してました。エラい人はエラい。下の者はエラい人には逆らえない。なのにエラい人が必ずしもデキる人とはかぎらない。人格者ともかぎらない。よのなかには、仕事ができないエラい人や、人間性が疑われるエラい人がごまんといます。そんなのだれでも知ってます。

なのに孔子は、よのなかに道徳を広め、賢くていいひとがエラくなれば、よのなかはよくなります、なんて理想ばかりを説《と》くんです。でも孔子本人は、悪い上司や使えない上司をやっつけて上に立つことはできませんでした。自分が理想の王となり理想の国をつくる夢はかなわなかった。それどころか、いみじくも盗跖が図星を突いたように、逆に追い出されてしまいました。

自分は仁や徳で悪人を改心させられる、と豪語する孔子が逆に盗賊のボスにやり込められるのは、孔子を信奉する理想主義・徳治主義のオッサンたちが現実のよのなかをなにひとつ変えていないことを皮肉った諷刺《ふうし》でもあるのです。

『今昔』ではソフトにアレンジされてますけど、元ネタの『荘子』バージョンは、もう少し難解で、盗跖の言葉に深みが感じられます。悪行の根底にある厭世観までが伝わってきて、盗跖は盗賊というより、哲学者のような趣《おもむき》です。興味のあるかたは、『今昔』を読んだあと、『荘子』バージョンと比べてみることをおすすめします。

将来を期待されてた孔子の弟子が早死にしたと盗跖が指摘するくだりは、『今昔』の創作であり、元ネタの『荘子』にはありません。なにしろ『荘子』では単独潜入でなく、早死にした顔回が馭者《ぎょしゃ》として同行していますから。

ラストもちがいます。『荘子』では逃げ帰ってきた孔子が柳下恵とばったり出くわします。まさかホントに弟に説教しに行ったのですかと聞かれた孔子、いやあ、危ないところでしたよー、でもあれは騒ぐほどのことではないですな、みたいなわけのわからん強がりでごまかして終わるという、なんともすっきりしないエンディング。孔子の俗物《ぞくぶつ》ぶり、小市民ぶりを強調したかったのかな？　総じて『荘子』のエピソードには、よくわからないシュールなオチが多いんですけどね。

鎌倉時代の『徒然草《つれづれぐさ》』も、孔子が世に用いられず、弟子も不幸だったことを例にあげて、なにもだれにも期待などするなと説いてます。だれも頼みにしなければ、うまくいかなくても傷つかないよと。吉田兼好《よしだけんこう》はずいぶんナイーブでマイナス思考なことをいっとりますが、これも『今昔』や老荘《ろうそう》（老子と荘子）から影響を受けていたためかもしれません。

『論語』はあきらめが悪い

たとえ悪意がなくたって、過失で命を落とすことは全然珍《めずら》しくありません。飛行機事故を悪意で起こすパイロットはめったにいませんが、事故はたまに起こります。よのなかの人が全員、孔子が理想とするような善人になる日が来るとしても、よのなかの不幸がゼロになることは決してありません。

そんな残酷な現実のなかで、なぜわれわれは生きていけるのかというと、ある程度あきらめているからです。死んだら死んだでしかたがない。人間はいつか死ぬのだ。そういういい意味でのあきらめとともに生きていくのが、仏教の無常観であり、『老子』『荘子』にも似た傾向が見られます。

よのなかから一歩引いて斜めに見るような、『荘子』のシュールさは、現実的でありながら、厭世的でもあります。それは平安・鎌倉時代の人々の精神と重なります。

そこへいくと『論語』はあきらめが悪いんです。よのなかはよい方向へ変えられるのだ、という希望を持ちつづけているんです。じつは私はその点を評価しています。老荘はたしかに思想としてはおもしろいのですが、つまるところは、世捨て人の思想なんです。だから私は老荘に心酔できません。

どちらかというと、カッコ悪かろうが、世間にバカにされようが、なんとかなるかもしれないと、死ぬまで希望にしがみついている孔子のほうが、人間的で好きなんですよ。

孔子の姿勢は正しいけれど、具体的な方策がまちがっているんです。倫理や道徳、人間性にすべてを託す『論語』や儒教精神は、よのなかが乱れているのを直すほどの力を持ってません。特効薬ではなく、ビタミン配合の栄養食品みたいなもの。

それはある程度よのなかが平和になり、生活の安全が保障されるようになって、はじめて受容されるものなんです。だから日本では、歴史上はじめてある程度の平和が長期間続いた江戸時代になって、ようやく儒教が受け入れられたのです。

●孔子を知らなかった幕府の役人たち

さて、江戸時代のお話をする前に、おことわりしておきます。通常、江戸時代の歴史が語られるときは、元号《げんごう》が使われます。文政《ぶんせい》とか寛永《かんえい》とか享保《きょうほう》とか。

でも、いったいどれだけの人が、文政何年とか寛永何年とかいわれて、いつごろのことなのか正しくイメージできるのでしょうか。江戸時代の元号は、慶長《けいちょう》からはじまり慶応《けいおう》まで、三六個もあるんです。日本史オタクでない一般人は、文政だの寛永だのいわれても、江戸初期なのか後期なのか、どちらが先なのかすらわからないのが実情でしょう。

　そこで一般読者にもわかりやすいよう、江戸時代の話題でも西暦を使い、元号は必要に応じて併記することにします。

＊

　江戸時代の儒教の歴史は、儒学者の林羅山《はやしらざん》にはじまったといってもよいでしょう。将軍家から重用された幕府公認儒者の林羅山は、江戸初期の一六三〇年、上野に塾を開きます。その塾が一六九〇年に湯島へ移転し、江戸の儒学の総本山、昌平坂学問所《しょうへいざかがくもんじょ》となるのです。

　昌平黌《しょうへいこう》（昌平校）などの呼び名でも知られる昌平坂学問所は、東京の御茶ノ水駅からすぐのところにその跡地がいまでも残っています。現在は湯島聖堂《ゆしませいどう》という建物名で知られ、無料で見学することができます（建物内部の公開は正月のみ）。

　いまある聖堂の建物は、昭和になってから復元されたものだそうです。けっこう広い敷地にデカい建物があって、江戸時代には儒教が力を持っていたのだなあと感じさせます。東京都心の駅近一等地なんですから、ぶっつぶして高層マンション建てたら、即日完売まちがいなし、絶対儲かるのになあ、なんて考える業者もいることでしょう。

なんと不遜《ふそん》なことをいうヤツだ、と叱《しか》られそうですが、江戸時代にも似たような意見があったんです。

江戸後期のさまざまな風俗・事件を記録した松浦静山《まつらせいざん》の『甲子夜話《かっしやわ》』に、そのエピソードは登場します。

明和《めいわ》・安永《あんえい》といいますから、一七六四から一七八一年ごろのこと。作事奉行《さくじぶぎょう》から提案がありました。昌平坂の聖堂は無用の長物《ちょうぶつ》だから、取り壊して何かべつの用途に使ったらいかがか、と。

それもそうかと、幕府の役人たちが検討をはじめました。ところでそもそも、あの聖堂ってなんなのだ。聖堂っていうくらいだから、なんかを安置してあるのだろうな。

だれも知らなかったので、奥右筆《おくゆうひつ》という役職のおエライさんに聞いてみました。聖堂にあるのは神ですか仏ですか。すると奥右筆、たしか本尊は孔子とかいう者だったな、とこちらも頼りない答え。その孔子とは何者でございますか？『論語』という書物に出てくる者と聞いておるが。

それでようやく役人たちは合点《がてん》がいきます。聖堂を取り壊す話が出たとき、林大学《はやしだいがく》（儒学を取り仕切るいちばんエラい役職の人）がゴネていると聞いたのだが、そういうことだったのか。

じゃあ、しばらく様子を見ようか、と棚上げにしてるうちに、取り壊しの話は立ち消えになったとさ。

めでたしめでたし……とは書かれていませんよ。『甲子夜話』が書かれた一八二一から一八四一年ごろには、『論語』や孔子はすでに一目《いちもく》置かれる存在となってました。ですから作者の松浦静山はこのエピソードを、五〇、六〇年前はこんな不勉強な時代だったとは驚きだ、と批判的に評してます。

この話よりさらに前、宝暦《ほうれき》の頃にあったとされるエピソードも、孔子信者の感情を逆撫《さかな》ですることでしょう。その当時は幕府の儒者は蔑《さげす》まれていて、当直に出ても、だれひとり敬礼すらしなかったそうです。それどころか下っ端役人から、「孔子の奥方は美人だったのですか、ブスだったのですか？」などとからかわれたといいます。

エレキテルでおなじみの平賀《ひらが》源内《げんない》が『風流志道軒伝《ふうりゅうしどうけんでん》』でアタマの固い儒者をボロクソにこきおろしたのも同じ頃です。古い中国の考えに縛《しば》られていてなにもできない連中。世間の一般人以下の役立たず。あいつらを腐れ学者、屁《へ》っぴり儒者と呼ぶことにしよう。

●ダジャレや川柳《せんりゅう》にこめられた儒教批判

強風の日に林大学の自宅から失火して燃え広がり、かなりの大火事になったことがあるのですが、そのあと何者かが落書きをしました。

大学が孟子わけなき火を出して
論語同断珍事中庸

江戸時代に幕府のお偉方を直接批判したら、ヘタしたらお縄になってしまいます。かといって、泣き寝入りもくやしい。せめて匿名《とくめい》の落書きによる諷刺でもしなければ、溜飲《りゅういん》が下がりません。

これは火元となった林大学を、ダジャレでからかっているんです。ヤボを承知でシャレの謎解きをしておきましょう。「孟子わけなき」はいいとして、「論語同断」が「言語道断《ごんごどうだん》」のもじりってのはわかりますね？　でも「珍事中庸《ちんじちゅうよう》」が、予期せぬ災難を意味する「珍事中夭《ちゅうよう》」のもじりだとわかる人は、ほとんどいないのでは。

それぞれもとの言葉を、孟子、論語、中庸という儒教用語でもじってるわけで、しかもきちんと五七五七七の歌に仕立ててあるあたり、なかなか教養のある落書き犯ですね。

もっと時代をさかのぼると、学問所が上野から移転してきたときも、すぐそばに平将門《たいらのまさかど》を祀《まつ》る神田明神《みょうじん》があったことから、

将門の前に孔子が臀《しり》を出し

なんて川柳《せんりゅう》が詠《よ》まれてます。『甲子夜話』の記述では、昌平坂のあの場所には以前べつの寺があったのですが、強引に立ち退かせて学問所を建てたそうなんです。孔子と学問所をからかう川柳には、寺をつぶして、なんでだれも望んでない学問所なんかを建てるんだ、という地元住民の反発心が込められているように思えます。

ちなみにですが江戸時代には、幕府の一方的な都合でお寺が強制移転させられることは頻繁《ひんぱん》にありました。鈴木理生《すずきまさお》さんの『江戸の町は骨だらけ』によれば、急に移転しろと命じられても、墓を全部掘り起こして遺骨まで持っていくのは不可能なので、ほとんどの場合、地面の下の遺骨などはそのままで、お寺だけが移転してるんです。

で、墓だったところの上に普通に建物とかが建っちゃって、そのうち忘れられちゃう。東京二三区内には、いたるところにそういう元墓地があるそうなので、「わけあり物件」と知らずに、遺骨の上で生活してる都民がたくさんいるそうですよ。こわ〜。

ゆるさを失い権威になった儒教

それにしても意外な印象を受けませんか。江戸時代初期から幕府公認の思想・学問として認められていたはずの儒教、儒学なのに、一七七〇年代あたりになってもまだ、平安時代と変わらぬ嘲笑を受けていたばかりか、幕府の役人さえ孔子のことをよく知らなかったというんですから。

たしかに江戸初期から儒教・儒学は幕府に公認され、一部の熱心な学者たちによって日本独自の発展を遂げました。これは事実です。しかし、問題はその中身。江戸儒教に関する解説書をいろいろ読んでみましたけど、私にはなにがおもしろいのかさっぱり理解できませんでした。

江戸の儒学は神道などと結びつき、天地の仕組みだとか人類文化発展の段階だとか、どんどん形而上《けいじじょう》的な思想を強めていきました。さまざまな流派が生まれ、学者間で盛んに論争もおこなわれたとかいうものの、それはもはや庶民の暮らしとはなんの関係もない、武士にとってさえ役に立たない、それどころか、もしも孔子が聞いたら、ワシ、そんなことといってないよと困惑《こんわく》されそうな、儒者による儒者のためだけのガラパゴス学問になってしまったのです。

湯島聖堂を管理する斯文《しぶん》会が発行する『斯文』という雑誌があります。儒教・儒学の公式お墨付きメディアともいえるこの雑誌の一九二〇（大正九）年八月号に、江戸期の昌平坂学問所の歴史を概観できる記事が載ってます。当時、帝室博物館に所属していた美術史家の今泉雄作《いまいずみゆうさく》がまとめたものなのですが、短いながらもかなり具体的な例まで調べ上げていて、非常に興味深い内容になってます。

寛政より前というから一七八〇年代くらいまでは、生徒もまばらで学問所は開店休業のような状態が続いていたそうです。昌平坂学問所という名称すらまだなくて、正式名がなんだったのか記録が見当たらないというんだからびっくりです。おそらく移転前からの弘文院という名前が引き続き使われていたのではないか、と。

儒者の荻生徂徠《おぎゅうそらい》は一七一六（享保元）年ごろの昌平坂の不人気ぶりを『政談《せいだん》』で嘆《なげ》いてます。儒者が講義をしてもヒマな町人が少々聞きに来るだけで、武士は来やしない。徂徠は昌平坂の場所が悪いせいにしてますが、たぶん、そうじゃない。昌平坂の人気低迷は何十年ものあいだ続いていたようです。

ですから、幕府の役人ですら湯島聖堂の由来を知らなかったというコントみたいな『甲子夜話』のくだりは、ちょっとコミカルに話を盛ったとしても、当時の儒教をめぐる実情に即していたのです。作り話と片付けることはできません。

生徒が少ないのでとくに定員なども設けず、来るものは拒《こば》まず。先生と生徒が和気あいあいと議論してたし、一般の人でも学問所に来れば、儒者が講義をしてくれたという、ずいぶんオープンでゆるい雰囲気の学問所だったんです。養子を欲しがってる旗本に、先生が優秀な生徒を紹介することもあったとか。

ところが一七九〇年に、寛政《かんせい》の改革の一環として「寛政異学《いがく》の禁《きん》」が断行されはじめると、楽しかったゆとり教育は終了します。幕府直轄《ちょっかつ》の昌平坂学問所として正式にリニューアルされると雰囲気は一変。入試がない通学生のゆとりクラスは残しつつも、入試で選抜された全国の秀才が寄宿舎で生活しながらキビシく学ぶ寄宿生クラスが主となっていきました。先生と生徒の交流はなくなり、師弟《してい》の上下関係が徹底されます。

寛政異学の禁とはなんなのか。ごく簡単に説明します。儒教・儒学には流派がたくさんありまして、主張や『論語』などの解釈も異なります。数ある流派のうちで、朱子《しゅし》学の解釈を正解とする、と正式に決められたのです。

異学の禁といっても、ほかの流派が弾圧されたとか、そこまでのことじゃありません。改革によって、学問所の生徒たちに厳格な試験が課されるようになったのですが、試験には正解がないと採点できませんね。だから、朱子学の解釈を正解とすることに決めたのです。

でもそれって、結果的に弾圧と同じ効果を生んでしまいますよね。解釈をめぐって議論するのはいいことだ。どんどん議論しなさい。しかし、正解はこれに決まってるから。

釈然としませんね。異なる意見を尊重し、さまざまな解釈を検討し、思考力・判断力を磨くのが真の学問です。あらかじめ決められた正解が存在し、その正解が永久に揺るがないのなら、何も考えず暗記するだけでよくなってしまいます。それは完全なる思考停止です。

とても残念なことですが、このときの教育改革が、日本のその後の教育理念を決定づけてしまったように私には思えます。まるで日本の教育は、いまだに寛政異学の禁を引きずっているかのようです。議論をする力や思考力の養成などは軽視して、テストのためにオトナが用意した一つの正解を押しつけるやりかたが主流です。これでは、異なる意見や文化を尊重する気持ちも育たないでしょう。

ある意味、寛政異学の禁によって日本の儒教・儒学は死んだともいえますが、社会的には逆の現象が起きました。これ以降、儒教が本格的に日本で広まっていくとともに、ようやく『論語』と孔子が権威あるものとして認知されるようになるのです。

しかし、みんながみんなそういう権威をありがたく押し戴《いただ》いたのかというと、そんなことはありません。だれかがエラそうにすればするほど、反骨心をあらわにするのが江戸庶民。威張《いば》ってるヤツはとにかく嫌い。シャレで茶化してコケにする。

江戸庶民にこきおろされる儒者

よくある誤解、歴史認識のまちがいをただしておきましょう。

江戸時代には、寺子屋《てらこや》でこどもたちに『論語』の素読《そどく》などが教えられていた、などという記述をたまに見かけますが、それはウソです。庶民のこどもたちを対象とした江戸時代の寺子屋（江戸の町では〝手習い〟）では、『論語』なんて教えてません。『論語』を習ったのは武士のこどもと、豪農・豪商など金持ちで教育熱心なごく一部の家のこどもだけです。

江戸時代の庶民教育、手習いは、実用性が最重視されました。こどもたちが将来就く職業に応じて、それに必要なことだけをできるかぎり短期間に教え込むのです。

たとえば商店に丁稚奉公《でっちぼうこう》し、商人になる子には、字の読み書きからはじめ、商売に関する用語の読み書きができるようになるまで教えます。庶民はこどもの教育に金をかける余裕などありません。商売に必要な基本的な言葉の読み書きができるようになれば、奉公に出すんです。『論語』の素読なんて、クソの役にも立たないことを金を払って教えてもらおうとする親など、江戸時代にはいませんでした。

おもに『論語』の素読を習っていたのは、ヒマと金のあるオトナたちです。江戸市中には、儒者を名乗り、素読などを教える私塾を開く者がたくさんいました。でも本物の儒者は、昌平坂学問所に勤務しているような人だけです。市中で素読を教えてるような自称儒者の正体はなんだったのかといえば、勉強しか能のない貧乏浪人など、まともな職に就いてない連中です。『論語』の漢文を読めるくらいの勉強はしたものの、それを活かせる仕事なんて、よのなかにはほとんどありません。だれも雇ってくれないし、かといって肉体労働やセールスはしたくない。となるとできそうなのは、資本がかからず自宅で開業できる素読指南の私塾くらいしかありません。

しかし、素読を習う人はごく一部の物好き連中だけ。それに対し、教えたがる人はやたら多いとくれば、経済学の教科書を参照するまでもなく、供給過剰で儲《もう》からないのは目に見えてます。

当然、江戸の庶民はそんな自称儒者の正体をお見通しですから、尊敬などするはずがない。バカにしきってます。一八一二年ごろの作品『浮世床《うきよどこ》』にはそんなひとりが孔糞《こうふん》先生というヒドいあだ名で登場します。

小難しい漢語まじりの言葉でエラそうにものごとを解説しますが、すべて的外れで中身がまったくないというキャラクター。「残念閔子騫《びんしけん》」が口ぐせなのですが、これは一七七〇年ごろの流行語で、残念という意味です。閔子騫は孔子の弟子ですが特に意味はなく、単なる語呂合わせだったようです。

要するに孔糞先生は、もうだれも使わなくなった四〇年前の流行語をいまだに使ってるダサい人なのです。いまならさしずめ、「キミ、ナウいねー」とかいってるオヤジみたいな感じですか。

本人の前では先生さんと顔を立て、いろいろ質問したりして、さんざん的外れなことをいわせます。で、本人がいなくなるとみんなでこきおろして笑うんですから、江戸っ子は辛辣《しんらつ》でイジワルですね。あいつは放屁《へっぴり》儒者だ。孔子の道ばかり知ってても、脇道へそれるとぬかるみに踏み込むのさ。ぼろを着て汚い見台《けんだい》を使って鼻たらしながら講釈をしてるのさ。もうさんざんです。

江戸後期を代表する川柳集の『柳多留《やなぎだる》』にも、素読指南の自称儒者をからかう句がいくつも収録されてます。

子ばっかり出来てみじめな素読の師
小人に店を逐《お》われる素読の師
素読指南の居た跡へ煮売り店

素読指南をはじめてみたものの、生徒が集まらず全然儲からないので、家賃が払えず追い出されてしまうんです。そのあとに煮物やお総菜を売る店が入って繁昌《はんじょう》してたりするわけで、まあ、それが世の習いというものでしょう。人は教養よりグルメに金を使うのです。

●昌平坂学問所の落日

ところで、脱ゆとり教育への方針転換が功を奏した感のある昌平坂学問所ですが、幕末近くなるとまた方針転換がされたようです。

一八九一（明治二四）年ごろの『旧事諮問録《きゅうじしもんろく》』に元学問所職員の談話が収録されてます。このかたの話では、一八六〇（万延元《まんえん》）年に敷地内に講武所《こうぶしょ》ができたころから学問所の様子がおかしくなっていったとのこと。武道の稽古《けいこ》をする人たちが出入りし、儒者の人事も講武所のマネをするようになったのだとか。

幕末に生徒として昌平校に在籍していた三浦了覚《みうらりょうがく》は『禅と武士道　坤《こん》』でコワい証言をしています。儒者の若山先生――としか書いてませんが、おそらく若山勿堂《わかやまふつどう》でまちがいないと思われます。軟弱な生徒たちにカツを入れようと、若山は真夏の炎天下に鍛錬《たんれん》を課しました。すると何人か日射病による死人が出たというのだからおだやかじゃありません。しかも三浦了覚はそれを批判するどころか、若山先生はそれでも気にせず続行したとほめちぎっているんです。

昌平校の記録によると、若山は死ぬまで昌平校の儒者をつとめていたようですから、生徒を殺したのになんのお咎《とが》めもなかったのでしょう。幕末ともなると、学問所の儒者も生徒も、頭のたががはずれたような連中ばかりになってしまったようです。

昌平坂学問所は明治維新後もなんとか廃校をまぬがれ存続されたものの、教育方針の迷走と内部の権力争いは激しくなる一方でした。結局すったもんだの末、明治に入ってまもなく、閉校することに。

その後、明治の文明開化によって、『論語』も儒教も過去の遺物として長らく忘れ去られることになります。

どうやらそれは中国でも同様だったらしく、一九〇四（明治三七）年一〇月二日の読売で、清《しん》に行って孔子の墓を見てきた漢学者の松平破天荒が嘆《なげ》いてます。孔子の墓の土まんじゅうの上でこどもたちが遊んでいた。清の庶民は、孔子がどんな人だかまったく知らないのだ、と。

しかし、それからまもなく日本では、矢野恒太《やのつねた》の『ポケット論語』がヒットすることによって儒教ブームが巻き起こります。それを渋沢栄一などのフォロワーが広めていくのです。

とはいえ明治末から戦前の日本人だって、みんながみんな、儒教や『論語』や孔子をありがたがったわけではありません。権威を笠《かさ》にうるさいお説教をする儒教信者を、庶民はウゼえと思うのです。江戸時代には川柳や落書きに託された権威批判の精神は、明治以降は新聞投書などにカタチを変えて受け継がれていくことになります。

第5章　渋沢栄一と論語をめぐるウソ・マコト

●明治時代の『論語』パロディ広告

一九〇九（明治四二）年一二月二四日付朝日新聞に、三越呉服店がシャレの利いた広告を出しています。ページの下半分を占めるかなり大きめの広告は原稿用紙を模しており、漢文とおぼしき大きい文字のあいだは、細かい日本語の文章でびっしり埋められてます。漢文のところだけ、日本語の読み下《くだ》しにしてみます。

子《し》曰《いわ》く、送りて時に之を求む。またよろこばしからずや。小包東京より来たる。また楽しからずや。人知らず購《あがな》わず。また遺憾《いかん》ならずや。

「ミツコシ論語巻之一」と題されたこの広告は、もちろん『論語』のパロディです。当時の三越といえば、日本初のデパートであると宣言し、日本商業界の台風の目となりつつある存在でした。数年前までは業績が低迷し、三井グループのお荷物と目《もく》されていたのですが、伝説の凄腕《すごうで》支配人・日比《ひび》翁助《おうすけ》が指揮をとるようになってからというもの、数々の斬新《ざんしん》な販売手法や広告戦略を繰

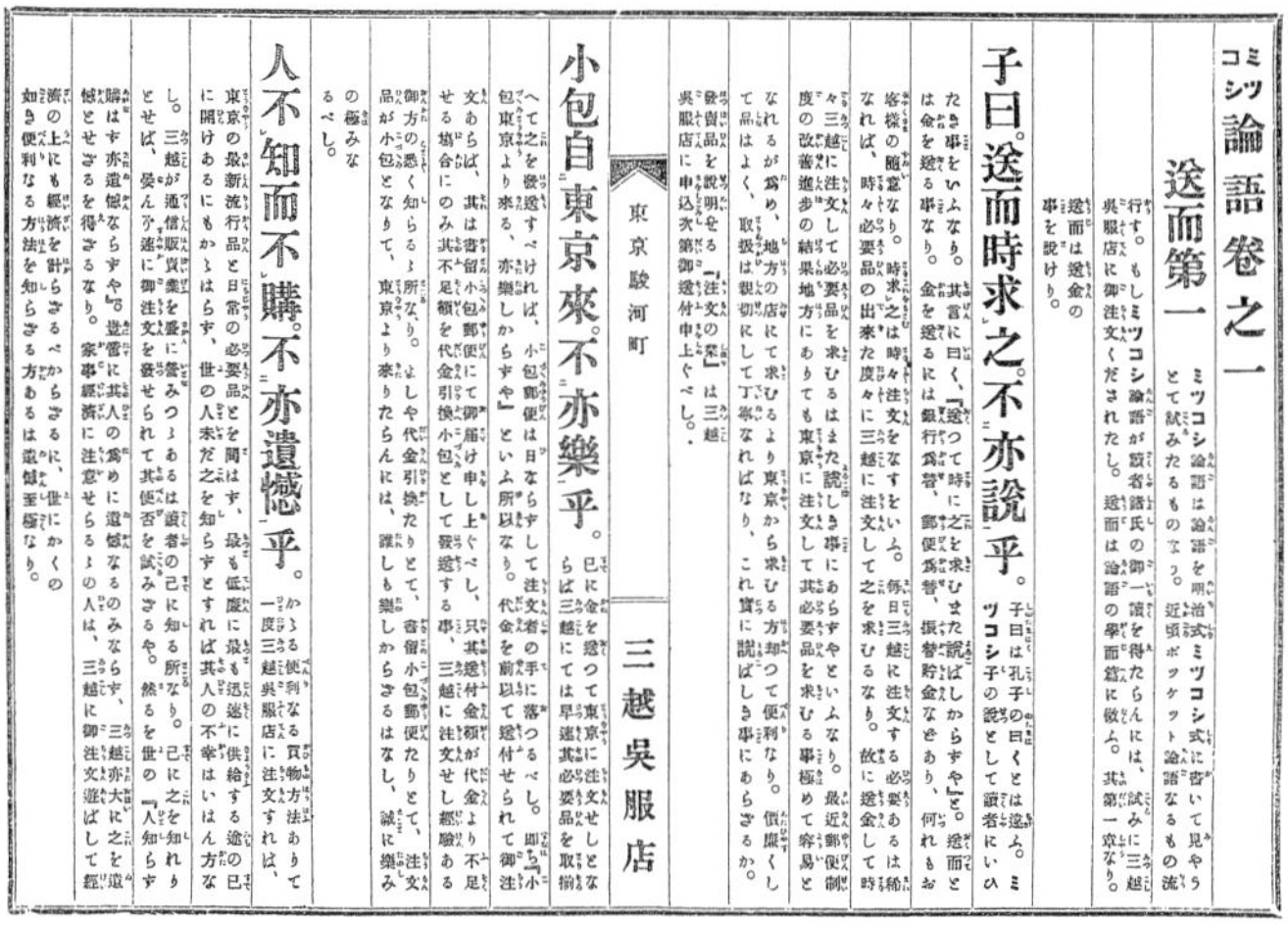

ミツコシ論語巻之一

送而第一

ミツコシ論語は論語を明治式ミツコシ式に書いて見やうとて試みたるものなり。近頃ポケツト論語なるもの流行す。もしミツコシ論語が讀者諸氏の御一讀を得たらんには、試みに三越呉服店に御注文くだされたし。送而は論語の學而篇に倣ふ。其第一章なり。

送而は送金の事を說けり。

子曰。送而時求之。不亦說乎。

子曰は孔子の曰くとは違ふ。ミツコシ子の說として讀者にいひたき事をいふなり。其言に曰く、「送つて時に之を求むまた說ばしからずや」と。送而とは金を送る事なり。金を送るには銀行爲替、郵便爲替、振替貯金などあり、何れもお客樣の隨意なり。時求之は時々注文をなすをいふ。毎日三越に注文する必要あるは稀なれば、時々必要品の出來た度々に三越に注文して之を求むるなり。故に送金して時々三越に注文して必要品を求むるはまた說しき事にあらずやといふなり。最近郵便制度の改善進歩の結果地方にありても東京に注文して其必要品を求むる事極めて容易となれるが爲め、地方の店にて求むるより東京から求むる方却つて便利なり。價廉くして品はよく、取扱は親切にして丁寧なればなり、これ實に說ばしき事にあらざるか。

發賣品を說明せる「注文の栞」は三越呉服店に申込次第御送付申上ぐべし。

東京駿河町

三越呉服店

小包自東京來。不亦樂乎。

已に金を送つて東京に注文せしとならば三越にては早速其必要品を取揃へて之を發送すべければ、小包郵便は日ならずして注文者の手に落つるべし。即ち小包東京より來る、亦樂しからずや」といふ所以なり。代金を前以て送付せられて御注文あらば、其は書留小包郵便にて御屆け申し上ぐべし、只其送付金額が代金より不足せる場合にのみ其不足額を代金引換小包として發送する事、三越に注文せし經驗ある御方の悉く知らるゝ所なり。よしや代金引換たりとて、書留小包郵便たりとて、注文品が小包となりて、東京より來りたらんには、誰しも樂しからざるはなし、誠に樂みの極みなるべし。

人不知而不購。不亦遺憾乎。

かゝる便利なる買物方法ありて一度三越呉服店に注文すれば、東京の最新流行品と日常の必要品とを問はず、最も低廉に最も迅速に供給する途の已に開けあるにもかゝはらず、世の人未だ之を知らずとすれば其人の不幸はいはん方なし。三越が通信販賣業を盛に營みつゝあるは讀者の己に知る所なり。已に之を知れりとせば、愛んで速に御注文を發せられて其便否を試みざるや。然るを世の「人知らず購はず亦遺憾ならずや」。豈啻に其人の爲めに遺憾なるのみならず、三越亦大に之を遺憾とせざるを得ざるなり。家事經濟に注意せらるゝの人は、三越に御注文遊ばして經濟の上にも經濟を計らざるべからざるに、世にかくの如き便利なる方法を知らざる方あるは遺憾至極なり。

三越呉服店のパロディ広告（1909〔明治42〕年12月24日付朝日新聞）

り出して、一気に上り調子に転じていたのです。

その戦略のひとつが、郵便制度の進歩に目をつけた通信販売事業の充実でした。通販を使えば、日本全国どこにいても、東京の三越で販売している最先端の商品を購入できるとあって、地方の小金持ちからかなりの支持を集めました。

代金を送って注文すると東京から小包が届いて楽しいですよ、こんな簡単便利なシステムがあるのを知らないとすれば、はなはだ遺憾であります、なんてことを訴求《そきゅう》するのがこの広告の狙いです。

でも、それがマジメな長文で書かれていたら、新聞読者の関心をひくことはかないません。そこで広告戦略にも長《た》けた三越が放ったのが、このユーモアあふれるパロディ広告だったのです。

いま読んでも、通販の方法をクソ真面目っぽく説明した文章に並々ならぬセンスが感じられておもしろいのですが、当時の人たちは、この広告を一目見ただけで、ニヤリとしたはずです。なかには、手を叩《たた》いて大笑いした人もいたかもしれません。

なぜなら、この広告の冒頭でも触れられているのですが、ちょうど二年前の明治四〇年に発売された『ポケット論語』が大ベストセラーとなり、ときならぬ『論語』ブームが起きていたからです。

●明治の『論語』ブームには仕掛人がいた

そもそも江戸時代から、庶民《しょみん》は『論語』なんてものを小バカにしていたのですが、明治に入ってから、『論語』はさらに時代遅れの遺物とみなされ、忘れられた存在となっていきました。入手する気になれば書店や古本屋でいくらでも買えたのですが、わざわざ読もうとする人がいなかったんです。

しかし、なかには少数ながら、『論語』にハマる人もいたのです。第一生命の創業者・矢野恒《やのつね》太《た》もそのひとり。日露戦争後——といいますから、一九〇五（明治三八）年くらいからでしょうか、なぜか『論語』にハマったらしく、ヒマさえあれば読むようになりました。『論語』は短い文章の寄せ集めなので、忙しい社長業のちょっとした空き時間に読むのにもってこいだったとか。

あるとき矢野は思いつきます。持ち歩きに便利な小型の『論語』本があればいいのに。学歴はないけど、本が好きで学究肌《はだ》な矢野は、すでに保険業に関する専門書を何冊も執筆・出版してました。そこで小型の『論語』本を出版する思いつきを、さっそく実行に移すのですが、本のサイズを小さくするだけじゃなかったあたりが、さすが商売人の本領発揮。

それまでの日本では、小型の本を〝袖珍本《しゅうちんぼん》〟と呼んでいました。和服には、だらりと垂《た》れた大きな袖がありますよね。あの袖のなかに小物を入れて持ち運べるわけです。小型の本も、袖に入れて持ち歩けるという意味で、袖珍本と呼ばれてました。

でも明治になってみんな洋服を着るようになったのに、『袖珍英和辞典』みたいな名称を使いつづけているのは時代錯誤《さくご》ではないか。洋服ならポケットに入れる。だから『ポケット論語』というタイトルにしよう。

出版社は、『論語』なんて時代遅れの本はどうせ売れないから五〇〇部くらいにしといたほうがいいと忠告したのですが、矢野は初版五〇〇〇部を刷らせました。まあ版元としては、売れ残ってもお金持ちの矢野に在庫を引き取らせればいいのだから、たいしたバクチではありません。

ところが一九〇七（明治四〇）年に発売されたところ、これが予想をはるかに上回る大当たり。初版五〇〇〇部が一か月もしないうちに売り切れて、増刷を重ねることに。

維新後のハイカラな世の中に不満を感じていた守旧派の老人たちが、こぞって買い求めたのでした。なかには数百、数千部もまとめ買いして、記念品として配る人まであらわれます。最終的には四〇万部のベストセラーとなり、ときならぬ孔子ブームを巻き起こしたのでした。

ついでに「ポケット〇〇」というタイトルもブームになりました。なんでもかんでも判型を小さくしてポケットと名前をつけて売り出す便乗組《びんじょう》が続出したのです。

なにかひとつ当たると、マネした類似品が続出するのは、いまもむかしも変わりません。AKB48が当たればアイドルグループだらけになるし、くまモン、ふなっしーが当たれば日本中ゆるキャラだらけになるんです。流行を生み出すのは、ごく一部の人だけです。よのなかのほとんどの人がやってる仕事は、ヒットしたものをマネかアレンジしてるだけにすぎません。

のちに矢野は『実業の日本』一九二八（昭和三）年一月号への寄稿で当時を振り返り、『ポケット論語』の大ヒットは人生でいちばん愉快《ゆかい》だった出来事であり、保険事業での成功よりもうれしかったといってます。

●すでに現れていた論語教信者

しかし残念なこともありました。矢野の本来の狙いは、『論語』を知らない若い人たちに読んでもらうことにありました。そこで、漢文の素養のない若い読者に便利なようにと、漢文の読み下しだけでなく、自ら簡単な日本語の注をほどこして、わかりやすくしたのでした。
なのに、実際に『ポケット論語』を買い求めたのは、ほとんどが老人でした。本が売れて『論語』の勉強会も開かれるようになりました。当初はもの珍しさで『論語』を読みはじめた若者も参加していたのですが、次第に勉強会は、論語を信奉するおたく老人たちが博学を自慢《じまん》しあう場になっていきます。閉鎖的な雰囲気についていけない若者たちは、姿を見せなくなってしまいました。

中国史が専門で論語の研究でも知られる宮崎市定《みやざきいちさだ》によると、一部の超保守的な『論語』信者たちは、『ポケット論語』を批判していたとのこと。『論語』はありがたい書物であるから、机に向かって正座して読め、持ち歩いたり汽車の中で読むなど言語道断《ごんごどうだん》、みたいな意見をいうエラい先生もいたそうな。

当時の『論語』信奉者たちの権威主義的態度は新聞記事からもうかがえます。一九一〇（明治四三）年六月八日の読売に載った（たぶん記者による）コラムは、『ポケット論語』の流行に対し、皮肉たっぷりに鋭い論評を加えてます。

『論語』は平凡主義の経典《きょうてん》として好きな書物であると筆者はことわったうえで、こういいます。

論語の愛読者よりは、さだめし極端なる社会主義者や、無政府党などの輩出《はいしゅつ》することも無かるべく、社会主義全滅を希望せる政府と、意外に反古籠《ほごかご》よりよき原稿を拾い出したる本屋とのためにはしあわせの事というべし。（表記を一部変更）

そのうえで、論語をマジメに読むときは、平凡主義の中毒におちいらないようにするのが肝心《かんじん》、と説《と》くのです。

私はこれを読んでニヤリとしましたね。この時代にも、ブームに流されず、権威主義にとらわれず、批判的にものごとをとらえることができるジャーナリストがいたのだな、と。

ところがやっぱり、このコラムに激怒した論語教信者がいたようです。『論語』をバカにしてる、あざけってると攻撃をしてきた者がずいぶんいたと、記者は翌週のコラムで書いてます。

自分は『論語』も孔子も平凡主義も認めているし、否定するつもりはないのだが、古典は、考証的・批評的な目で読むべきだ。盲信《もうしん》するだけでは贔屓《ひいき》の引き倒しになりかねない、と釘を刺すのです。

この反論にも、私は胸がすく思いがしました。いま、平成のよのなかにも『論語』の本が何冊も出てますが、そのほとんどが『論語』を無条件に美化・称賛するばかりで、まさに贔屓の引き倒しになってるからです。

明治末の『論語』ブームを支えていたのは、老人たちのノスタルジーでしかなかったのです。

故《ふる》きを温《たず》ねて新しきを知る、という孔子の教えどおりには運びませんでした。故きをたずねるのは、新しいものを受け入れられない古い人たちばかりなんです。

●いつのまにか渋沢栄一に御株《おかぶ》を奪われる

さて、ここまでの経緯で、明治末の『論語』ブームの立役者が矢野恒太だったことはおわかりいただけたと思います。

でも、この事実はほとんど忘れられてます。『論語』復興の功績を、後から横取りした者がいるからです。その人の名は、渋沢栄一《しぶさわえいいち》です。

いまや、論語といえば渋沢栄一を連想するのがあたりまえのようになってます。数百社もの会社設立にたずさわった渋沢には、幼少時からつちかわれた論語の精神があった。だから利潤《りじゅん》追求のみに走らない、商業道徳にかなった人間味のある経営ができたのである。渋沢が慈善事業や社会福祉に力を入れたのも、論語の精神あってこそなのである――などと日本経済の礎《いしずえ》をつくった渋沢の功績と論語の精神を結びつけて語る記述は、数限りなく存在します。

『論語』といえば渋沢を連想する傾向は、早くも大正時代くらいから見られます。一九一八（大正七）年ごろの流行歌、添田《そえだ》唖《あ》蝉坊《ぜんぼう》「ノンキ節」の一節。

機械でドヤして血肉をしぼり
五厘《ごりん》の「こうやく」はる温情主義
そのまた「こうやく」を漢字で書いて
「渋沢論語」と読ますげな
ア、ノンキだね

自らつくった『ポケット論語』のおかげで、矢野恒太はどこへ行くにも『論語』を持ち歩いて読めるようになったと満足げだったのですが、このエピソードもいつのまにか、渋沢のものにされてしまいました。

渋沢の伝記を読むと、たいていこんな記述に出くわします。

「渋沢栄一はどこへ行くにも肌身《はだみ》離さず『論語』を持ち歩くほど、『論語』に入れ込んでいた」

持ち歩いていたのは事実でしょう。しかし、渋沢に関するさまざまな資料を確認しましたが、『ポケット論語』発売以前に『論語』本を持ち歩いていたことを示す形跡はないのです。つまり渋沢に『論語』を持ち歩く習慣ができたのは、『ポケット論語』という便利なものが発売されてからのことだったと考えられます。

それどころか、渋沢が『論語』についてあれこれ語るようになったのも、『ポケット論語』ブーム以降のことなのです。

渋沢のことならなんでもわかる、かどうか知らんけど、『渋沢栄一伝記資料』という資料があります。全六八巻からなるとんでもないボリュームなので、考えられる資料はほぼ収録されているはずで、なんでもわかるといっても過言ではないでしょう。

で、これに載っている渋沢の日記や書簡、講演、談話などにひととおり目を通したのですが、渋沢が『論語』についての話を熱心にはじめたのは、一九〇八（明治四一）年からなんです。

それまでも講演などで『論語』について言及したことはなくはないです。でもほんの数回しかありません。

渋沢は若いころから無数の会社や団体と関係があったのだから、多数の人の前で講演やあいさつをする機会は毎日のようにありました。むろんそのすべての言葉が記録に残っているわけじゃないけど、重要な集まりでの発言はだいたい記録されてます。

これだけたくさんスピーチをする機会に恵まれていたにもかかわらず、『論語』の内容や言葉をひいてるのは数回しかないんです。

しかも、話の中身もかなりあいまいで、ちょっと古典の教養がある人ならだれでも知ってるレベルの内容でしかありません。とてもじゃないけど、日頃から『論語』を読みこなしていた人の発言とは思えません。

たとえば、一八九七（明治三〇）年七月一七日、神田青年会館における商工業者の集まりでの講演。商売人はウソをつくべきではない。信用第一である。といった信念を、この日もいつものように述べてます。おなじみの渋沢節が出たな、と聞いてるほうも思ったことでしょう。

この講演の締めくくりに、孔子の弟子、曾子《そうし》の言葉「士《し》は以《もっ》て弘毅《こうき》ならざるべからず……」をひくんです。仁《じん》の道は死ぬまで続く遠い道だ、みたいな意味の言葉なのですが、これについて渋沢は、「これはたぶん『論語』にあった言葉と思います」というんです。

たしかにそのとおり。『論語』の「泰伯第八《たいはく》」にある言葉なのですが、「たぶん『論語』の言葉」とは、ずいぶん頼りない。しかもこの講演のほかの個所では『論語』には一切触れてません。最後にとってつけたように登場するんです。

つまり明治三〇年の時点では、あきらかに、渋沢はまだ『論語』について語れるほど読み込んでいなかったことがうかがえます。

もしも伝記作者たちが書いてるように、渋沢が幼少時から習いおぼえた『論語』の精神にもとづいてビジネスをやってたのだとしたら、もっと早い時期、現役バリバリのときから『論語』の話をしててもいいはずです。でも実際には、七〇歳近くなって現役を退くころから、ようやく『論語』の話をするようになるんです。

●事実を歪《ゆが》めるあとづけの論理

要するに、これはあとづけの論理だということです。歴史はしばしば、後世の人間の倫理《りんり》道徳・歴史観によって勝手な解釈がほどこされ、史実が歪《ゆが》められてしまうものなのです。史実をもとに解釈を引き出すのでなく、こうあってほしいという願望によって解釈されてしまいがち。この傾向は偉人伝では頻繁《ひんぱん》に見られるので要注意です。孔子も渋沢も例外ではありません。ていうか、どちらもかなりヒドい例といえましょう。

渋沢がもともと『論語』を好んでいたことは事実でしょう。しかし、現役時代、『論語』の精神に基づいてビジネスや慈善事業をやってきたわけではありません。『ポケット論語』の発売で世間に『論語』ブームが巻き起こったとき、自らの来歴を振り返り、そうだ、私が理想としていた商業倫理は論語の精神とよく似ているではないか。私の行動は『論語』に基づいていたのにちがいない、とさかのぼって当てはめたのです。

これは決して珍しい例ではありません。功成《こうな》り名を遂げた社長たちは、経営哲学をなんやかやと語りたがるものです。いかにも哲学が先に存在して、そのとおりに行動したら成功したかのようなことをいいますが、それは因果関係が逆転してるんです。

人間は、先に信念や哲学を思いついて、それに基づいて行動をしたりしません。おのれの経営哲学を本にして出版してから会社経営をはじめる人なんてのはいません。先に行動があり、それが成功をおさめると、あとからもっともらしい理屈《りくつ》をつけて、成功には理由があったかのように自慢したがる。それが人間の業《ごう》なのです。

犯罪の動機ってやつも同じです。犯罪の多くは計画的でなく、ノリや勢いでおこなわれます。で、やってしまって捕まると、必ず警察の取り調べで「動機はなんだ」と問い詰められるわけです。すると、犯人はもっともらしい動機をひねり出してしまうんです。

ありがちなのが、「出来心」。出来心ってなんなんでしょうね？「ノリ」や「勢い」に「出来心」という言葉のカバーをかぶせると、あら不思議。なんとなく、もっともらしい理由になるではありませんか。だけど広く解釈すれば、すべての犯罪の動機は出来心だといえなくもありません。

捕まった万引き犯が、なんでこんなことをやったんだ、と問い詰められ、「ノリで」と答えたら袋だたきにされそうですが、「出来心で」と答えれば、同情の余地が出てきます。遊ぶ金欲しさが理由でも、勉強に必要な本が欲しかったのが理由でも、盗みに走る瞬間の気持ちは出来心だったといってしまえば、それまでです。殺人の動機だって、ほとんどはその場の出来心じゃないですか。

なぜか人間は、いいことにも悪いことにも理由を欲しがります。理由がないと不安になるんです。理由なき犯罪、ってのをどういうわけか人は恐れるのです。

二〇一二（平成二四）年の警察庁データによれば、殺人の八八パーセントは顔見知りによる犯行です。通り魔など、見知らぬ相手に殺されたのは一二パーセントでしかありません。動機不明の殺人は、全体の六・五パーセントでしかありません。

動機や理由のある顔見知りに殺される危険性のほうがはるかに高いにもかかわらず、人は見知らぬ相手に理由なく殺される通り魔被害に遭《あ》うことのほうを恐れるのです。事件のほうを恐れるのです。幼いこどもが殺された事件の犯人は、大半が親なんです。なのに世間の親たちは、こどもが不審者に理由なく殺されることばかりを心配するのです。

盛られていく渋沢偉人伝

おや？　なんだか、渋沢を犯罪者扱いしてるような印象を与えてしまいましたか。いえいえ、そんな意図《いと》はありませんので誤解のなきよう。

私は渋沢栄一という人物に好感を抱いてます。渋沢はその業績のみによって十分に尊敬に値《あたい》するし、正当に評価されるべきだと思ってます。

たとえば、経営学者の島田昌和《しまだまさかず》さんの『渋沢栄一——社会企業家の先駆者』は、渋沢の経営手腕を経営学・経済学の視点から冷静に分析《ぶんせき》し、わかりやすく書かれた良書なので、渋沢の業績を知る入門書として強く推薦しておきます。

でも渋沢の伝記作家の多くは経済や経営のプロではないので、渋沢の実業家としての偉大さにピンときてないんです。そこでえてして、自分にも理解できる精神論や人生論に引き寄せて、渋沢の偉大さを伝えようとしがち。そのとき便利に使えるのが、『論語』や孔子の精神というわけです。

孔子という偉大な賢人の精神を引き継いでいる渋沢が偉大でないわけがない、みたいな稚拙《ちせつ》な発想。それをあとづけの論理で渋沢の業績や行動に結びつけてしまう。そういう非学究的なインチキ宗教的態度が、真剣に文化史に取り組んでいる者からすると腹立たしくてたまらない。

栄一の息子、渋沢秀雄《ひでお》でさえ、例外ではありません。いや、むしろ身内だから、感傷《かんしょう》や思い出が先に立って記憶を捏造《ねつぞう》してしまい、資料から事実を冷静に検証できなかったともいえましょう。秀雄が書いた栄一の伝記『明治を耕した話』には、出どころのアヤシいエピソードがいくつかあります。

そのひとつ、一八七三（明治六）年に第一国立銀行が創立されたときの話。国立と名がついても実際には民間の銀行だったのでまぎらわしいのですが、渋沢栄一は日本の商業発展のために、官吏《かんり》をやめてこの銀行の創立に参加し、事実上のトップに就任する実業家への道を選びました。役人をやめて実業家になるなんてのは、当時の常識からすると、人生を棒に振るも同然の無謀《むぼう》な挑戦でした。だから友人・知人からは当然のことながら反対されます。『明治を耕した話』では、そのとき栄一はこう語ったとしています。

私は商工業者としての経験はありませんが、『論語』一巻を処世上の指針として、商工業の発展を謀《はか》ってゆくつもりです。民間に品位ある知行合一《ちこうごういつ》の商工業者が輩出《はいしゅつ》して、経営の位《くらい》に当たる。それを目ざして官を辞したのですから、どうか私の志《こころざし》を貫徹させて下さい。

渋沢と『論語』、さらに知行合一（陽明学《ようめいがく》の説）までがセットになった〝定食ランチ〟は、精神論が好きな渋沢信奉者たちが、いかにも喜びそうな取り合わせです。なんの疑問もなく丸呑《の》みすることでしょう。

しかし私には、どうにもこの発言がウソくさく感じられてしかたない。すごくアタマの悪いヤツという印象しか受けません。現実主義者だった若いころの渋沢栄一が、こんな言葉を口にしたとは思えないんです。

銀行のトップとなって経営をしようと志す実業家なら、経営の実務や経済理論をとことん勉強し、精通していたはずです。『論語』の精神論ごときで銀行経営をやっていけるだなんて、そんな甘っちょろい考えを持ってたはずがありません。

『論語』を処世上の指針とするなんて、時代錯誤のとんちんかんな抱負《ほうふ》を掲げて、これからの日本を背負って立とうという秀才揃いの行員たちがついてきますか？　バカにされるだけです。

この言葉はいつどこで発せられたものなのか？　『明治を耕した話』にはその根拠となる出典が明示されていないというのも、あとづけのエピソード疑惑《ぎわく》を強めます。

このときの栄一について、ノンフィクション作家の佐野眞一《さのしんいち》さんも『渋沢家三代』で取りあげてますが、こちらでは、才能のある者が官を去って野《や》に下《くだ》ることを惜《お》しむ世間の声に、栄一はこう答えたとされてます。ちょっと長いのですが、比較のために、途中をはしょって引用します。

私に能力あるとみてくださることは誠にありがたいが、もし能力があるとすれば、なおさら官界を去らなければなりません。もし人材がみな官界に集まり、才能なき者ばかりが民業にたずさわるとしたら、どうして一国の健全な発展が望めましょう。

……官吏は凡庸《ぼんよう》な者でも勤まりますが、商工業者は相当に才覚ある者でなければ勤まりません。ところが、今日の商工業者にいまだ力のある者がそうはいない。……官にあることは光栄に思うが、民にあることは屈辱《くつじょく》に感じる。この誤った考えを一掃することが急務です。

それにはまず商工業者の実力を養い、その地位と品位を向上させることが第一です。彼らを社会の上位に位させ、徳義を具現する者こそ商工業者だ、という域にまでもっていかなければなりません。この大目的のために精進《しょうじん》するのはいわば男子の本懐《ほんかい》です。

こちらの発言では『論語』にはひとことも言及してませんけど、さっきの発言と比較して、どちらが真に迫った言葉に聞こえますか。この二つの発言を読み比べれば、発言者の知的レベルの差は歴然。私には、とうてい同じ人物の発言とは思えませんね。

前者は上《うわ》っ面《つら》の精神論を唱えてお茶を濁《にご》しているだけです。こんな経営者は信用できません。後者の言葉からは、内に秘めた並々ならぬ熱意と決意が感じられます。この人になら、ついていこうって気になります。

『明治を耕した話』に書かれた言葉は、渋沢秀雄がどこかで聞いた話に脚色してふくらませたものだろうと私は疑ってます。秀雄が生まれるずっと前のことですから、じかに見聞きしたのではありませんし、根拠となる資料もないのでしょう。

栄一に心酔し、彼を聖人化したがる多くの伝記作家と同じく、栄一が晩年示した『論語』への傾倒を、若いころにさかのぼって適用してしまった可能性はかなり高いと思います。

●渋沢ゴーストライター疑惑

渋沢栄一が晩年、『論語』に入れ込んでいたことはだれもが認める事実です。その熱心な布教ぶりによって世に『論語』を広めた功績からしたら、ミスター論語の称号は、矢野恒太より渋沢栄一がふさわしいのかもしれません。

しかし、しょせん渋沢は『論語』の熱心な読者、ファンのひとりだったにすぎません。彼の書いたエッセイ・コラムを読むかぎり、その理解は非常に主観的なレベルにとどまっています。

エラい先生について講義を聞き、先生の解釈をありがたく押し戴《いただ》くやりかたは、まさに〝手習い〟です。内容を客観的・批判的に検証しようという、近代的な学問態度はまったく見られず、自分の成功体験や価値観に引き寄せて考えてしまう。

渋沢信者はこう反論しそうです。渋沢は『論語講義』という、立派な論語の注釈書を残しているではないか！　あれは学問的成果として評価しないのか！

渋沢栄一記念財団編の『渋沢栄一を知る事典』でも『論語講義』について、「栄一の内容を読みとる力、自分にあてはめて考える力、すなわち『読解力』が抜きんでている」と手放しで賞賛しているのですが、これはカン違いもはなはだしい。

書物の内容を自分に当てはめて解釈するという行為は、小学生の感想文なら許されますが、学問としてはいちばんやってはいけないことなんです。それは読解力が抜きんでているのではなく、誤読しているだけ。すなわち、逆に渋沢栄一には読解力がないってことなんです。

じつは以前から、渋沢栄一の『論語講義』については、研究者や渋沢に近かった人たちのあいだでも、あれを渋沢の著作としてもいいものなのだろうか、と疑惑が取り沙汰《ざた》されていたのです。

この疑惑に関しては、一橋大学の笹倉一広《ささくらかずひろ》さんの論文、「渋沢栄一『論語講義』の書誌学的考察」でほぼ決着がついたように思います。この論文は、栄一が『論語講義』の執筆・編集にはほとんどタッチしてなかったことをあきらかにしています。

実際の執筆者は、渋沢が学長を務めた二松学舎《にしょうがくしゃ》の尾立維孝《おだちこれたか》です。栄一の著作『実験論語処世談』をもとに、いかにも栄一がいいそうなことを尾立が考えて代筆したというのが、『論語講義』の成立事情だったのです。

ゴーストだ、ゴースト！　いまだったら正義の味方気取りのマスコミがお祭り騒ぎをして、記者会見が開かれ、渋沢と尾立は吊《つ》るし上げられたことでしょう。

でも笹倉さんも指摘しているように、尾立は渋沢本人が書いた論語エッセイでの解釈をかなり忠実に『論語講義』に盛り込んでるので、結果的に渋沢の意に沿ったものになっているのはたしかです。かなり良心的な代筆作品だといえましょう。

ただし、渋沢の『論語講義』は自分にとって都合のいい解釈を記した、自己啓発のビジネス書でしかありません。『論語』を客観的・批判的に読解したものではない、という点に留意して読むべきです。

●渋沢の成功と『論語』は無関係

渋沢が晩年『論語』に傾倒したことも、その解釈の方法論も、よくよく考えてみればしごく当然の結果なのです。

渋沢は大学教育などの高等教育はおろか、驚くことに、まともな学校教育をほぼ受けていないんです。渋沢が受けた唯一《ゆいいつ》といってもよい教育は、幼少時に受けた『論語』の手習いだけでした。学問らしきものといえば『論語』しか知らなかったから、それを信奉していたのもムリはありません。

渋沢は極度の現実主義者でした。抽象《ちゅうしょう》的な概念《がいねん》をもてあそぶ学問的才能や芸術的才能とはほぼ無縁だったと思っていいでしょう。文芸みたいなことも当時の名士のたしなみとしてやってはいましたが、芸術的才能は感じ取れません。

個人の日記を読むと驚きますよ。まるで業務日報なんです。何月何日、何時からだれと会ってどんな仕事をした、そんな事務的なことしか書いてません。普通、日記には、人にはいえないグチや恨《うら》みごと、他人の悪口なんかを書くものです。自分の中でよどんでいる黒いホンネを吐《は》き出してスッキリできるのが日記というものでしょう。

たとえば永井荷風《ながいかふう》の『断腸亭日乗』なんてのは、最初から出版することを意識して書かれた日記なのである程度気取りがあるものの、文章のはしばしからホンネがはみだしてきて笑ってしまいます。

でも渋沢の日記からは、なにひとつホンネめいたものが見えません。基本的に、現実や事実にしか興味がなかったんでしょうね。個人の感情など書き記すに値しない、と考えてたのか、自分をさらけ出すことを極度におそれていたのか……？

若いころにヨーロッパを視察して、最新の経済学・経営術に感化されすぐに取り入れたのも、現実主義者だからこそでしょう。もしも若いころから『論語』に傾倒していたら、新しい経済学などアタマから否定していたはずです。

ですから、そんな現実主義者の渋沢が、もしも大学に進学し、論理的な西洋学問の洗礼を受けていたら、と想像するのはちょっとおもしろい。福沢諭吉《ふくざわゆきち》らのように、儒教を否定するようになっていたことも考えられます。

それにしても、学歴ゼロで大蔵省の官僚になったんです。まあ時代が時代だったとはいえ、ずば抜けてアタマが切れる、すごい才能と天分の持ち主だったのは否定しようがありません。

ただし渋沢が持っていたすぐれた才能はあくまで、実学《じつがく》の才能、商才です。現実のよのなかで、生きた人々とどう関わり、どう動かすか。マネーを動かし産業をいかに発展させるか。もちろん熱心に勉強もしましたが、それ以上に、天賦《てんぷ》の才として商才を与えられていたことはまちがいありません。

おおげさにいえば、ビジネスの天才が明治時代に奮闘《ふんとう》努力した末に、日本経済の礎《いしずえ》をつくってしまった。その才能と業績を素直に讃《たた》えるだけでも、渋沢栄一の偉人としての評価はじゅうぶんすぎるくらいじゃないですか。私も惜しみない称賛を送ります。お札の肖像としてこれ以上相応《ふさわ》しい人はいないって感じもするのですが、なんでならないんでしょうね。経済人はお札の肖像にはしないという決まりでもあるのかな?

渋沢栄一が数々のビジネスを成功させたのは、『論語』とはまったく関係ありません。彼に類《たぐ》いまれなる天賦の商才があったのと、彼が仕事熱心な努力家だったから。それだけのことです。とはいえ、「それだけ」のことが、凡人にはできません。それを実行できたところに、渋沢のすごさがあるんです。

渋沢が慈善《じぜん》事業に励んだのも『論語』とは無関係です。それは、彼がもともといいひとだったからです。渋沢は若いころから寄付や慈善活動に積極的でした。仮に、渋沢が生涯『論語』を読まなかったら、彼はあくどいビジネスで市場を独占し、慈善事業などに見向きもせず、貧乏人から搾取《さくしゅ》した金で豪勢に暮らしたのでしょうか？

それは考えにくいですね。たとえ『論語』が存在しなくても、渋沢は同じことをやってたはずです。

だいたい、みなさん根本的なところで誤解をしていませんか。『論語』のどこを読んでも、孔子は貧しいものに施《ほどこ》しをせよ、なんてことを、ひとこともいってないんですよ。

『論語』に出てくる「民《たみ》」はひどく抽象的な概念でしかありません。『論語』を読むかぎりでは、孔子が弟子以外の民衆と血の通った交流を持った様子はないんです。ふれあいフェアで民とふれあい、ちびっこたちとバーベキューを楽しむ、なんてイメージはまったくわいてきません。それどころか、孔子は世間の民とは距離をおいているように見えます。

『論語』と慈善になんの因果関係もないことは、社会学的にも証明できます。私は以前、世界各国の寄付に関する統計を比較検討しました。それについては『偽善のすすめ』という著書で解説していますので、くわしくはそちらを参照していただくとして、簡単に結果だけいいますと、日本人は欧米諸国の人たちに比べ、驚くくらい寄付に消極的です。寄付をする人の割合もかなり少ないし、寄付額も少ない。

しかも、ボランティアで寄付集めや慈善活動にたずさわる人間は信用できない、と回答した割合でも世界一。

おそらく中国人よりも『論語』に親しんでいるのではないかと思える日本人が、慈善にもっとも消極的な態度をとり、『論語』とまったく縁のない欧米人のほうが慈善活動に積極的です。しかも日本人には、慈善をする者を頭から偽善者と疑ってかかる悪いクセがある。この矛盾《むじゅん》した事実を、論語信者はどう説明するつもりでしょうね。

●精神論だけでビジネスはできない

江戸時代に士農工商としておとしめられた商工業者の地位を回復したい。商売はキタナい金儲けなんかじゃない、民間の商工業者も日本の発展に寄与《きよ》できるはずだ。そんな思いで渋沢は事業の発展に打ち込んでいたはずです。

そしてその思いは、見事にカタチになったといってもいいでしょう。渋沢があげた数々の実績によって、世間の商工業者を見る目は確実に変わりました。

それでじゅうぶんじゃないですか。なのに渋沢がその評価に飽き足らず、晩年『論語』に傾倒したことは、蛇足《だそく》でしかありませんでした。

ビジネスで金を儲《もう》けることはべつにキタナい行為ではないのだよ、それによって社会貢献もできるのだよ、と身をもって世間に示したのは、だれあろう渋沢です。

ところが晩年になって、ビジネスでの成功は『論語』の精神のおかげだった、『論語』を学べばまっとうな倫理にかなった商売ができるようになるのだ、みたいなスピリチュアルな要素を強調するようになってしまいました。謙遜《けんそん》のつもりだったのかもしれませんが、それは同時に自己否定でもありました。

お馬鹿な庶民はこう解釈してしまいます。ああそうか、『論語』のような高潔な道徳的精神の釉薬《うわぐすり》をかけなければ、商売・ビジネスは誠実にはできないのだな。渋沢栄一ですらそうだったんだ。やっぱり商売の本質は薄汚いものなんだ。

これでは元の木阿弥《もくあみ》じゃないですか。結局渋沢は、『論語』をビジネスに持ち込むことによって、金儲けは下品でキタナいものだという士農工商の精神を、かえって裏打ちすることになってしまったんです。

平成の世になっても、いまだにこういった旧時代の思想はしぶとく生き残ってます。『論語』を活用してビジネスを清らかなものにしよう、と説くビジネス書が出続けてますが、その著者たちは、ビジネスや金儲けを悪い行為、実業家はキタナい人間とみなしているわけです。ビジネスは素晴らしいものだと考えてたら、精神論で浄化する必要など感じないはずです。

ていうか、『論語』を賛美するビジネス書の著者にいいたい。もしあなたの論が真実だという自信があるなら、いまから新たに会社を興して、『論語』の精神で経営し、成功してみてくださいよ。言葉巧《たく》みにエラそうな哲学を語るだけでなにもできないのなら、それこそ「巧言令色《こうげんれいしょく》、鮮《すく》なし仁」と孔子に批判される人間ですよ。

資本主義の暴走を戒《いまし》める著書がベストセラーになったことでおなじみのロバート・B・ライシュさんは、企業というものは誠実でも不誠実でもない、といいます。それが真実です。企業にも経営者にも労働者にも、いい面もあれば悪い面もある。それだけのこと。

『論語』のみならず、精神論や宗教観とビジネスは無関係です。悪いひとが大儲けして会社を大きくすることもあるし、いいひとが会社を潰すこともあります。

むろん、倫理観は個人の生きかたには影響を与えるものなので、べつに『論語』を読むなとはいいません。でも、『論語』でビジネスがうまくいくだとか、『論語』で会社の人間関係がうまくいくなんて、夢にも思わないほうがいい。

商業・ビジネスの地位向上を目指すなら、渋沢栄一はむしろ、『論語』なんかに頼らなくてもまっとうな商売はできるのだよ、と死ぬまで主張しつづけるべきだったんです。

渋沢信者の怒りを買うことを承知であえていいましょう。まちがいなくいいひとだった渋沢栄一の生涯において、『論語』に傾倒したことは、最大の汚点だったといってもいいのです。

第６章　孔子のすごさはヘタレな非暴力主義にあり

●なぜか無視される非暴力主義者の顔

道徳教育に『論語』を使うべきだとおっしゃる教育者や評論家、知識人が本当に『論語』と孔子の精神をわかっているかどうか、簡単にわかる質問があります。

「あなたは、こどもへの体罰について、どうお考えですか？」

この質問に対し、体罰は必要だと答えたり、口でいってきかないときは体罰もやむを得ないなどと条件付きで認める回答をした場合、私はその人を軽蔑《けいべつ》します。なぜなら、その人が『論語』をちゃんと読んでないことがあきらかだから。

何度か『論語』を読み返せば、孔子が体罰や暴力と縁のない非暴力主義者だと気づくはずです。体罰を容認するくせに『論語』はこどもの教育にいいなどと、矛盾《むじゅん》したことをいうような人に、教育を語ってほしくありません。

孔子のへっぽこぶりやダメ人間ぶりばかりをあげつらい、孔子ファンの怒りを買うことも多い私ですが、怒りたいのはこっちのほうです。なぜ孔子ファンのみなさんは、孔子が徹底した非暴力主義者であることを無視し、その事実を広めようとしないのですか。それこそが、孔子のもっとも評価されるべき美点だと私は思ってます。

道徳の教科書に載せるなら、孔子を平和・非暴力主義の人として取りあげるのがスジなのに、なぜかこのことに関しては評価せず、隠そうとするんです。

ウソだと思うなら、『論語』をいま一度通読してごらんなさい。孔子は戦争も争いごともつねに避けて逃げるほうを選ぼうとします。自分が襲《おそ》われそうになったときでも、決して暴力に暴力で対抗しようとはしません。争いを避けようとします。

死刑制度にも反対です。弟子に体罰を加えることもありません。道を歩いてて知らないこどもにからかわれても、ひっぱたいたりしません。おそらくこどもへの体罰にも反対したはずです。むろん戦争にも否定的。もしも孔子が現代の日本にあらわれて、日本の憲法には戦争放棄をうたった条文があると知ったら、さぞかし感激することでしょう。

孔子、たった一度の暴力

「憲問《けんもん》第十四」に描かれている話が、『論語』全編中、孔子がふるった唯一《ゆいいつ》の暴力です。生まれ故郷に里帰りした折に、古いなじみの原壌《げんじょう》という男に会いにいったところ、客をもてなすのにふさわしくない失礼な座りかたで待っていました。それを見た孔子は珍しくぶち切れるんです。

「おまえは幼いころから礼儀知らずだったが、オトナになってもまだろくでなしなのか！」と杖でスネを叩《たた》いたというのが、このエピソード。

幼いころの様子を孔子が知っているくらいですから、この原壌という男、少なくともこのとき四〇代か五〇代くらいのおっさんだったはずです。その年になってもろくに仕事もせず礼儀もわきまえない男ですよ。孔子がイラッとくるのも無理はないのかも。孔子も歳老いて、感情のブレーキが利かなくなってた可能性もなきにしもあらず。

もちろん、孔子がスネを杖で叩いた行為が暴力であることは否《いな》めません。叩くべきではなかったし、言葉で罵倒《ばとう》するくらいでじゅうぶんだったはずだと、同じく非暴力主義者の私は思います。でも相手は孔子よりやや年下の壮健《そうけん》なオトナです。手を出せば、反撃をくらって自分が殴《なぐ》られる可能性もじゅうぶんあります。そのリスクを承知のうえで叩いたのだから、そんなに卑怯《ひきょう》な暴力とまではいえないでしょう。

●体罰はなぜダメか

ボクシングや空手が暴力でなくスポーツとみなされるのはどうしてでしょう。それは、自分が一方的に殴るのでなく、相手に殴られる可能性もあるからです。互いに相手の反撃を認める対等な立場でコブシをふるうから、合法的な競技とみなされるのです。

体罰が卑怯で不愉快で非合法とされるのは、先生や親といった絶対的に強い立場の者が、生徒やこどもという立場の弱い者に暴力をふるうからです。相手が反撃してこない、立場上反撃できないことを承知のうえで暴力をふるって自分に従わせようとするのは、法的にも倫理《りんり》的にも許されない行為です。

体罰を容認する人たちのズルさは、立場によって容認か否定かをころころ変えるところです。いうことを聞かないこどもを叩くのはしつけとして許されるけど、いうことを聞かないジジイを叩くと老人虐待《ぎゃくたい》だ！　と批判されます。

私の経験では、いま公立の図書館内で、デカい声で携帯電話を使ってるのは、ほとんどが五〇代以上のおっさんかジジイです。私はそういう人に何度も注意しました。

なかには素直に注意を聞かず、逆ギレするジジイもいます。これまで何回かそういう態度に出られましたけど、私は相手をにらみつけるだけで手を出したことはありません。不愉快な人間を殴るのは、もっと不愉快なことだから。

もしも私がマナー違反のジジイを殴ったら、世間はそれをしつけに必要な体罰とみなしてくれるでしょうか。いいえ。年長者への暴力と解釈し、私はこっぴどく責められることでしょう。

差別的な暴言をくり返すような政治家や経費を不正に申告して儲《もう》けている議員を、一般市民がひっぱたいたら暴行罪で逮捕されます。なぜそれは、しつけのための体罰として許されないのでしょうか。

つまり、立場の強い者が無礼な弱い者を殴るのは許すけど、立場の弱い者が無礼な強者を殴るのは許さないというのが、体罰容認論者のルールなんです。

目下の者が無礼なことをしたら暴力で制裁を科すが、目上の者が無礼なふるまいをしても穏便《おんびん》にすませる。それはいわゆるダブルスタンダードというヤツですね。

ダブルスタンダードを偽善と呼んで激しく非難する人もいます。でしたら体罰はまちがいなく偽善です。体罰を容認する人たちは、ご自分が偽善者だという自覚があるのでしょうか。

●死刑反対論者だった孔子

そもそも孔子の教えの根本は、〝礼〟にあるんです。礼法の普及によって人々の徳を高め逸脱《いつだつ》行為をなくし、よのなかをよくしていこうというのが基本的な姿勢です。そんな孔子が、暴力によるものごとの解決を認めるはずがありません。

「為政《いせい》第二」では、刑罰を重くしても人々は法の抜け穴を探すようになるだけだから治安はよくならない、人民の徳を高めることが大切だ、といってます。

「顔淵《がんえん》第十二」では魯《ろ》の重臣季康《きこう》が「悪いヤツはじゃんじゃん死刑にしてしまえば、正しい世のなかになるんじゃないか。どう思う？」と乱暴な問いを投げかけてきます。すると孔子は「たとえ悪いヤツらでも死刑にするのはよろしくない。為政者が徳の高いところを示せば、人々は感化されて悪いことをしなくなりますよ」と答え、死刑制度反対の立場を表明するんです。

「子路《しろ》第十三」でも、善人が一〇〇年国を治めれば死刑は不要になるという古人の言葉に賛同の意をあらわしています。一〇〇年もかかるってことは、ほぼムリだと認めちゃってるのかな、なんてイジワルな考えも頭をよぎりますけど、とにかく孔子が死刑反対論者だったことはまちがいありません。

●孔子の武勇伝はフィクションである

おいおい、ちょっと待て。孔子は大軍を率いて戦ったり、悪臣の少正卯《しょうせいぼう》を成敗《せいばい》したり、かの有名な夾谷《きょうこく》の会《え》では芸人に扮《ふん》した暗殺者集団を見抜いて斬り殺させたではないか。こうした一連の武勇伝は、孔子ファンにとっては常識中の常識である。そんなことも知らないで、孔子が非暴力主義者だなどと適当なことをぬかすとは笑止千万《しょうしせんばん》！

このような反論をしたくてうずうずしてるタカ派孔子ファンがたくさんいることは、もとより承知しております。あえていわせていただきましょう。そういう反論をなさるみなさんこそが勉強不足であると。

中国史の専門家が書いた、孔子に関するさまざまな歴史研究書に私は目を通しました。といっても中国語は読めませんので、日本語の文献だけですが。

その結果わかったこと。孔子の武勇伝には、どれも歴史的裏づけがありません。作り話である可能性が濃厚なのです。しかもこの武勇伝捏造疑惑《ねつぞうぎわく》は昨日今日はじまった話ではありません。本場中国においても何百年も前から取り沙汰《ざた》されているのです。

孔子が身長二メートル超えの巨人であるというヨタ話と同様に、孔子の業績の偉大さをアピールしたい信者たちによる妄想《もうそう》にすぎないと考えてよいでしょう。

みなさんが歴史の事実だと信じて疑わないことのなかにも、じつは歴史の専門家による裏がとれてないものがたくさんあります。

人は、淡泊《たんぱく》な事実よりも、ドラマチックなフィクションを好みます。とりわけ英雄や偉人の人生は、山あり谷あり波瀾万丈《はらんばんじょう》であってほしいと願うのが、凡人《ぼんじん》――孔子のいいかたを借りればまさに小人《しょうじん》なんです。

そんな人間心理を巧みに利用するのが小説や講談です。むかしからいわれるじゃないですか。講釈師、見てきたようなウソをいい。事実に尾ひれをつけてふくらませ、話を盛り上げないと読者や観客の興味は惹《ひ》けません。で、そういうフィクションが人気を博し広まってしまうと、今度は逆に真実の歴史のほうが霞《かす》んでしまいがち。

たとえば日本の歴史でおなじみの例ですと、宮本武蔵《みやもとむさし》と巌流島《がんりゅうじま》で戦ったとされる佐々木小次郎《ささきこじろう》。この佐々木小次郎という人がどこのだれなのか、歴史的にはいまだに謎とされています。記録がほとんど残っていないのだそうです。記録がないってことは、重要人物ではないといっても過言ではありません。無名のザコと戦って勝っても自慢《じまん》になるのかな？

忠臣蔵の話でも、なんで浅野内匠頭《あさのたくみのかみ》が吉良《きら》（上野介《こうずけのすけ》）に斬りつけたのか、じつはいまだにはっきりしません。諸説あるものの、どの説にも矛盾や疑問が指摘され、決め手に欠けてます。吉良が浅野をいじめる数々のエピソードも、記録にはないでっちあげなんです。

吉良はなにも悪いことをやってないのに一方的に悪人に仕立てあげられ、三〇〇年以上たったいまでも、毎年暮れや正月になると放映される映画やドラマで、日本史の悪役代表みたいに描かれるんですよ。日本の歴史上、ほかに類を見ない名誉毀損《きそん》です。

文字で記録された史料がかなり存在する江戸時代の話ですら、真偽《しんぎ》を確かめるのはなかなかに困難です。ましてや孔子が生きていたのは記録がほとんど残されてない紀元前です。孔子の武勇伝にどれだけの信憑性《しんぴょう》があるかって話ですよ。

実際、孔子の有名な武勇伝で、裏付けがとれているもの、歴史家が事実と太鼓判《たいこ》を押したものはありません。どれも後《のち》の世につくられた伝説とみなされてます。

こういうことをいいますと、反論する人が出てきます。証拠がないからといってウソということにはならないぞ、と。

ね、よくいるでしょ、こういう人。これは非常に前近代的な論理思考です。現代の先進国、文明国家では、この論理は通用しません。法律でも歴史でも科学でも、証拠がなければ事実と認定しないのが常識です。証拠自体がウソくさいものなら、それは証拠として認められません。

仮に証拠がないとしても、話自体のつじつまがあわない、あるいは、あきらかな矛盾があるとしたら、やはりその逸話は作り話と考えるべきではありませんか。

じつは私、自由自在に空を飛べるんですよ、といったらあなたは信じてくれますか？　おそらく信じませんよね。むろん、私が飛んでるのをだれも見たことがないはずです。あなたはそれでも、証拠がないからといって私が空を飛べないことにはならない、と私の味方になってくれるのでしょうか。

●重臣処刑の本当のところ

では、あらためて少正卯誅殺《しょうせいぼうちゅうさつ》の話を、発信元のひとつとされる『荀子《じゅんし》』（藤井専英《ふじいせんえい》訳）の記述からまとめてお話ししましょう。

孔子が魯の国で、国の実権を握る摂相の地位に就いたとき、就任七日目にして少正卯という悪い重臣を処刑しました。

少正卯を処刑したことは正しいことだったのでしょうかと門人に問われた孔子は、理由をくわしく説明します——って、『論語』を読み慣れてると、その門人ってだれなんだよ、と思っちゃうんですけどね。『論語』では孔子が弟子になにかを語るときは、相手の名前を呼ぶことが多いので、形式的にも『荀子』の孔子は孔子らしくありません。

それより肝心《かんじん》なのは、処刑の理由を説明した中身です。孔子は、人間には悪事として排斥《はいせき》すべきものが五つある、と切り出します。

１　気がよくつきすぎて陰険。

２　行為が片寄っていて、かたくな。

３　言葉に修飾が多すぎて、口数が多い。

４　記憶内容が醜悪《しゅうあく》で雑博。

５　非義に従って改めず、さらに潤色《じゅんしょく》して是と見せかける。

この五つのうち、ひとつでもあてはまれば、それは盗みよりも重大で処罰に値する。少正卯はこの五つすべてにあてはまるから、処刑しなければならないのだ。殷《いん》や周《しゅう》や斉《せい》のエラいひとたちも、みんなワシと同じことをしてたぞ。

……ヒドいでしょ？　まったくスジが通ってません。

たいていの人は、この五つのどれかにあてはまってしまいます。そんな普通のことが、窃盗《せっとう》よりも重い罪だというんだからビックリです。こんな理屈がまかり通るなら、国民全員をたやすく死刑にできます。

これはまさに、自分が気に入らない人間を排除する頭のおかしい独裁者のヘリクツです。『論語』の孔子がいくら変人だからといって、ここまでデタラメなことはいいません。

しかも、少正卯という人が何者だったのかをあきらかにする史料もないそうです。そんな影の薄い人物を処刑して、おのれの正義を自慢するだけでなく、みんなやってるのにワシだけ責めるなよ、って、駐車違反のいいわけみたいな軽さで自分を正当化するなんて、人間として失格です。

少正卯の逸話に出てくる孔子の言動から想像できる人物像は、『論語』の孔子とはまるで別人です。そりゃあ、『論語』に書かれていることがすべて事実とはかぎりませんけど、孔子の孫弟子くらいにあたる近い人たちがまとめた『論語』を信用せずに、なにを信用しろというの？

いつもは陰口を叩くのを得意としている孔子ですが、陰でこそこそ弟子だけに「ここだけの話、ワシは死刑反対なんだよね」とかいってたんじゃありません。おエラいさんの前で死刑反対の立場を堂々と表明しているところからすると、これはよほど曲げられない信念だったのでしょう。

どんな悪人でも死刑にするのはよくない、と明言してた人がエラい地位に就いたとたんに「はい、あいつ、死刑にしまーす」と宣告したら、それこそ言行不一致。最低のウソつきに成り下がります。

孔子が少正卯を処刑したという話は、孔子の言動や思想に照らしてもあまりに矛盾していますから、作り話と断定してよいでしょう。

暗殺者軍団斬殺《ざんさつ》もでっちあげ？

夾谷《きょうこく》の会《え》というのは孔子の武勇伝中、もっとも有名なものです。魯の定公《ていこう》と斉《せい》の景公《けいこう》が夾谷という場所で会合を開きました。そのとき魯の役人だった孔子も定公に同行していたのです。

会合の途中、斉の国が用意した余興がはじまり、楽団や芸人が次々に登場したのですが、孔子はそいつらが暗殺者軍団であることを見抜き、兵に命じて即刻斬り殺させたという、娯楽活劇ならサスペンスフルかつアクション満載の山場となるところ。その結果、おそれをなした斉は、以前魯から奪った土地を返還した、というエピソード。

この夾谷の会の事件もおそらく作り話です。もちろん『論語』でも、この事件についてはひとことも言及されてません。

孔子の研究書としてはかなり有名な『孔子伝』の著者・白川静《しらかわしずか》も孔子の武勇伝全般に否定的。

ただ、白川は夾谷での会談があったこと自体は否定していません。両国間の和平回復のための友好会談のようなものだったと考えられるので、暗殺未遂《みすい》や芸人斬殺《ざんさつ》のようなことは起きなかっただろうとする見解を述べてます。

歴史的に掘り下げた研究者のあいだからは、さらなる疑念が出ています。じつは中国でも、夾谷の会の信憑性は何百年も前から疑われていたほどです。

日本の研究者の中でも懐疑論の急先鋒《きゅうせんぽう》だった渡辺卓《わたなべたかし》は、『古代中国思想の研究』で夾谷の会というイベント自体、なかったのではと疑問を投げかけてます。まず、夾谷の会のエピソードが漢《かん》代以降の文献にしか見られないこと（孔子の死後二〇〇年以上たった時代）。そしてなにより、夾谷と呼ばれる場所がどこなのか特定する証拠がない点を重視しています。

両国の行く末を左右する重要な歴史的イベントが起きた場所なのに、その場所が特定されてないのはたしかにおかしい。孔子を信仰する者なら、絶対一度は訪れたい観光名所になってても不思議ではないくらい。ツアー客目当てのお土産屋で「夾谷に行ってきました」クッキーを売っててもいいくらいなのに、場所すらわからないってのは、こりゃ相当にウソくさい。

さしずめ、この話はのちの世の孔子信者が、斉が領土の一部を魯に返還した経緯があいまいなのをいいことに、それをいかにも孔子の手柄であるかのようにでっちあげたといったところじゃないですか。

●ＶＩＰ孔子の命が狙われている⁉

孔子が弟子と諸国を放浪していたときに何度も襲撃《しゅうげき》を受けたというエピソードも、孔子をヒロイックに映像化する際には、はずせません。

この武勇伝は珍しく『論語』でも「述而《じゅつじ》第七」と「子罕《しかん》第九」で二度語られているのですが、どちらも似たような話なので、本来一度だったのを、襲撃された場所と相手を変えて二度記録した水増し疑惑が浮上しています。

しかも『論語』では襲撃の詳細がまったく語られていません。二つの話とも、襲撃から無事に逃げおおせたあとで、孔子がお得意の強がりをいうってだけのしょぼい話なんです。

ワシは天に選ばれた人間だ。だから悪党なんかに殺されるはずがないのだよ、と結果論で虚勢《きょせい》を張る孔子の姿には、笑いを禁じ得ません。きっと背中は冷や汗でびっしょりだったのでしょうね。

天下国家を支配する天命を受けている孔子は、つねに政敵に命を狙われていたのだ！　とＶＩＰぶりを印象づけたかったのでしょうけど、それだとつじつまが合わないんですよ。

そもそも孔子が国の司法長官のような大司寇《だいしこう》という重要な地位に就いたというのは捏造であり、

実際には下《した》っ端《ぱ》役人にすぎなかったという説を私は支持しますけど、いったんここは譲《ゆず》ります。孔子が偉い地位に就いていたと仮定しましょう。

国の重鎮《じゅうちん》だったときに、政敵に命を狙われたのなら、わかります。そのピンチを切り抜けたのなら、戦国時代の英雄にふさわしいエピソードです。

しかし孔子の場合、襲撃を受けたとされるのはいずれも、国を追われ、尾羽《おは》うち枯らし、政治家になることを夢見て諸国を放浪したものの、だれからも相手にされなかった不遇《ふぐう》の時代なんです。

庶民《しょみん》からもバカにされるような落ちぶれた人物の命を狙う意味がどこにあるのですか。礼と徳を重んじればよのなかの政治はよくなるのだ、と説《と》く平和主義者、非暴力主義者の老いぼれを殺したところで、得るものはなにもありません。当時孔子を支持していたのは数十名の弟子たちだけでした。世間からは「あの人はいま」状態だったのです。

軍隊に襲撃されたのが事実としても、それは孔子を狙ったものではなかったはずです。陽虎《ようこ》という謀反《むほん》人とまちがわれたとする説はありうると思います。だとしても、武装もしてないし金目のものも持ってない孔子一行が無害な存在であることは、兵隊たちにも一目でわかったはずです。取り囲まれたとしても、疑いはすぐに晴れたことでしょう。そういうたいしたことなかったピンチを、おおげさに盛って武勇伝に仕立て上げただけなのでは。

ちなみに貝塚茂樹《かいづかしげき》訳の『論語』では、伝奇ロマン小説のような解説がつけ加えられてます。

「魯の勇士の子で武術のたしなみもあった孔子は、ちっともさわがず、弟子たちを励まし、このことばを吐いたのである」

この解釈は飛躍しすぎです。武術のたしなみがあったなんてのは事実無根です。孔子の父親が武士だったのは事実とみて問題ありませんが、私生児である孔子と父親との交流はまったくなかったし、孔子が武術の訓練を受けたという話もどこにも出てきません。

「八佾第三《はちいつ》」では、弓矢の的当て競技をたしなむといってますが、それも負けたほうが罰ゲームとして酒を飲むというような愉快なオトナの社交として楽しんでいるだけです。武芸としての弓術、弓道を極めているわけではありません。

それに、そもそも孔子は暴力を否定するのみならず、戦争にも反対しているのです。

子曰く、軍備なんてポイと捨てちゃえ！

中国思想史では、戦争反対を唱えたのは墨子《ぼくし》とされますが、すでに孔子は『論語』で戦争に反対してます。

戦国時代に戦争反対の立場を表明する。孔子をヘタレだの見栄っ張りだのとからかってばかりの私ですが、その勇気に関してだけは、冗談や皮肉抜きで孔子を称賛します。戦乱の世に生きながら、戦争や暴力を否定する平和主義を貫いた結果、生涯報《むく》われず、同時代の人たちからヘタレなダメ人間の烙印《らくいん》を押され嘲笑《ちょうしょう》された孔子の姿はある意味、尊敬に値します。それをこどもや若者に伝えることにこそ、教育的価値があろうというものです。

戦争を美化するような言動をする人間が孔子や『論語』をほめていたら、そいつはまちがいなく、『論語』をろくに読んでもいないエセ孔子マニア、にわかファンです。

「衛霊公《えいれいこう》第十五」のしょっぱなで、衛の君主霊公に軍事について聞かれた孔子はこう答えます。私は祭礼については学びましたが、軍事については学んでません。

知ったかぶりと虚勢を張ることで世渡りをしてきたあの孔子が、軍事については素直に知らないと答えてるんです。てことは、本当に知らなかったんでしょうね。ちょっとでも囓《かじ》ってたら、絶対に適当なヘリクツと生半可《なまはんか》な理論を並べてエラそうに講義してたはずですから。

とかいいつつ、やっぱり弟子の前ではお得意のビッグマウスを発動させてました。「述而《じゅつじ》第七」。弟子の子路《しろ》に「先生が大軍を率いるとしたら、だれと一緒にやりますか」と問われた孔子の答えがこちら。

虎と素手で戦おうとしたり、大河を歩いて渡ろうとするような命知らずなヤツはおことわりだ。慎重《しんちょう》に策を練《ね》って、最後には確実に勝利をものにするような人間がいいね。

よし、今日も名言、決まったぜ！　満足げな孔子の〝どや顔〟が目に浮かびます。

あんた軍事にはドシロウトなくせして、よくいうよ、あんたみたいなヘタレが率いたって兵隊はついてきやしないよ、って呆《あき》れますけど、この妄想《もうそう》にも、無謀《むぼう》な争いは避けるべきだ、勇敢に死ぬよりも、みじめに生きるべきだとする孔子の基本姿勢がよく表れているのはたしかです。

「顔淵《がんえん》第十二」ではさらに突っ込んだ質問が投げかけられます。

いつもの調子で「国の政治に必要なものは、じゅうぶんな食糧と軍備、それに民《たみ》の政治家への信頼なんだよ」と孔子節全開にしたところで、この日は弟子の子貢《しこう》から質問がとびます。

「その三つのうちで、やむを得ずどれかを捨てなきゃならなくなったら、どれを捨てますか？」

なかなかにシビアで現実的な質問です。現代でも古代でも、国家予算にかぎりがあることに変わりはありません。通常、すべての政策を実行することはムリなんです。いうなれば、子貢は事業仕分けについて質問したんですね。予算内でなにをして、なにをやらないかを決めるのは政治家の務めですが、それは人々の利害に直接関わるので、仕分け次第で喜ばれもすれば、恨《うら》まれもする。

けっこうやっかいなこの問いに孔子は「軍備を捨てるよ」と即答しています。次に捨てるのが食糧。で、民の政治家への信頼が国家にとってもっとも重要だ、ってのが結論。

日本の保守だのネトウヨだのという勇ましい人たちがこれを読んだら、孔子は左翼だ！　朝日新聞の読者か！　と激怒することでしょう。

でも孔子の考えかたは、あながちまちがいでもないと思いますよ。孔子の教えに逆行することを実際にやってるのが、北朝鮮という国家です。かの国では食糧を確保せず国民を飢《う》えさせてまで、軍備を維持しています。その結果、政治家を見限って、国から逃げ出す人民があとを絶ちません。

となると、ちょっと論議を呼びそうなのが、「子路《しろ》第十三」の記述です。

訓練されてない民を兵士にするのは、民を棄《す》てるも同然だ。七年も訓練すれば、兵役《へいえき》に就かせることもできるだろう。

この言をもって、ほら孔子は戦争を認めてるじゃないか、と鬼の首でも獲《と》ったように詰め寄ってくる人がいるかもしれません。

そういう解釈をしてるのが、宇野哲人《うのてつと》訳『論語新釈』。これは昭和天皇即位を祝うための叢書《そうしょ》の一冊として昭和初期に出版されたものなので、企画意図《いと》にたがわぬよう、原文にはない滅私《めっし》愛国的な文言を勝手に補って訳されてます。

「民に孝弟忠信《こうていちゅうしん》の行いなどを教えるなら、民は上《かみ》の者を親しみ長者《ちょうしゃ》のために命を捨てることを知り、いったん戦争が起これば従軍して立派な功績をあげることができる」

なんとまあ都合のいい解釈でしょう。『論語』の原文には孝悌忠信を教えろなんてひとことも書かれてないし、もとより孔子の思想には、目上の人のために命を捨てろなどという考えは存在しません。

孔子自身、仕《つか》えた主君のために命を捨てようとはしてないんですから。意見があわなければクビになるか、自ら辞去するか。辞めてから未練がましく愚痴《ぐち》をこぼして陰口叩くのが孔子流ですけど。

仕官した弟子たちにも滅私奉公は勧めてません。それどころか上の者の意見がまちがってたら正しなさいとハッパをかけてます。

「子路第十三」だけをもって、孔子が戦争を認めていると解釈するのは、読解力不足です。孔子が勇猛果敢な武将だったとする先入観を持って読むから、誤読するんです。孔子は非暴力主義者だったという前提で読めば、むしろここの文章は、民を兵役に就かせることへの婉曲《えんきょく》な批判だと受け取れます。

七年もの長きにわたって訓練しなければ、シロウトである一般人を戦《いくさ》に使うことはできないというんですよ。おそらく、そんな気の長い提言を真《ま》に受けて実行する君主はいないでしょう。下っ端の兵卒は使い捨てのコマにすぎない、と考えなければ戦争はできませんから。敵が攻めてきたぞー！　よし、皆の衆、いまから七年間軍事教練だ、なんてわけにはいきません。

つまり孔子のこの発言は、暗に徴兵制を批判しているんです。孔子はプロの軍人による戦争までは否定していません。一般の民衆をむりやり狩り出してまで戦争をしなさんな。するなら七年訓練してからにしろ。そんな意見をいわれたら、たいていの主君は、貴様ふざけるな、と怒るでしょうね。ヘタすりゃ国賊《こくぞく》として処刑されます。

戦争はリアルガチにヤバいよ

短文による警句のような文章が多い『論語』のなかで、「季氏《きし》第十六」の冒頭は珍しくかなりの長文でエピソードが語られます。ここでの孔子のあたふたとしたリアクションとセリフは出川《でがわ》哲朗《てつろう》さんを思わせるので、それっぽく意訳してみます。

魯の重臣季氏に仕官している弟子の子路と冉有《ぜんゆう》が、孔子のところに報告に来ました。

「季氏が小国の顓臾《せんゆ》を攻めとろうとしています」

それを聞いた孔子。「ワイ？（注・ホワイ、なぜを意味する出川語）いやいや、ありえないから。顓臾は魯に属してる国だろうが。魯の国土を魯の家臣の季氏が攻め取るって、季氏のスタッフ、頭おかしいだろ。あ、わかった。ふざけんなよ、求《きゅう》（注・冉有の呼び名）。おまえが季氏をそそのかして戦をやらせようとしてんじゃないの？　だったらおまえ、まちがってるからな」

「まさか。われわれは戦などしたくありません」

「主君のあやまちを全力で正すのが、臣下の務めだぞ。それができなきゃ辞めろ。虎が檻《おり》から逃げ出したら、だれの責任かって話。箱の中の宝石が壊れたら、はい、だれの責任ですか？」

と、意味不明なたとえ話で弟子を困惑《こんわく》させる孔子。だれもが答えあぐねるなか、実務家としての高い能力を買われて就職できたといわれる現実主義者の冉有が、正直に現状をぶっちゃけます。

「しかし先生、お言葉ですが、長期的な戦略を考慮しますと、顓臾をいまのうちに獲《と》っておくのはアリなんです。顓臾が軍備を増強したら、のちのちやっかいな相手になるのは確実ですから」

「本心を隠していいわけするのは、君子らしくない行動なんだよ」とダメ出しをしたあと、ひとくさり政治論をぶち上げる孔子ですが、これまたよくわからないたとえが混じっていて、意図が汲《く》み取りにくいったらありゃしない。

まとめますと、だいたい、こんな感じのことがいいたかったようです。

「武力に頼らず文の徳をもって国を治めれば、国は安定し、他国の人もついてくるようになるんだって。それをやらずに、外の国を奪《うば》いに行こうだなんて、そんなことして国の中で内乱とかが起きたらどうするの。もう、ヤバいよ、ヤバいよ」

長々とお聞かせしておいてナンですが、このエピソードも歴史的には真偽がかなり怪しいとされています。魯が顓臾を攻めたという事実はないからです。

一説には、裏で孔子が冉有らを通じて季氏の行動を牽制《けんせい》したから、戦が起きなかったのだ、と強引に孔子の手柄にする人たちもいるようです。

でもそれはあとづけの説明です。なにかが起きなかったのを、自分がそれを押しとどめたからだ、という主張は、証明することも否定することも不可能だからです。

富士山が今日噴火しなかったのは私が祈りを捧げてしずめていたからだ、とヘンなおじさんがマジメな顔していったら、信じますか？　信じませんよね、普通。でも、おじさんのいいぶんがウソだと否定することもできないんです。これはインチキ宗教がよく使う、いったもん勝ちのテクニックです。

このエピソードが創作だとしても、重要なのは、それが『論語』に収録されているという事実です。この逸話は、孔子のヘタレぶりを伝えているようにも読めてしまいます。武力で隣国を制圧しようとする動きを耳にした非暴力主義者の孔子が、それはヤバイよヤバイよとうろたえて、ピントのぼけたたとえ話を繰り出し、戦争を回避するよう弟子たちを説得しているんですから。

孔子が数々の武勇伝にあるような強い勇者であり、弟子たちが強いリーダー・孔子に心酔していたなら、孔子の批判者たちに弱腰な態度をさらすような恥ずかしい話を『論語』に収録しなかったはずです。

てことは、こう考えないとスジが通りません。弟子たちは、孔子の非暴力主義を認めて尊敬していたのだと。

ときに強がりをいったり、虚勢を張って自分を大きく見せたがるしょうもない一面があったりもしましたが、終生、武力や暴力から距離をおく姿勢を貫いた孔子。それはヘタレだったからというだけかもしれません。

でも現実には、世間からヘタレと笑われようが平和主義に徹するのは、なかなかできることではありません。たいていの人は他人からバカにされつづけると、カッとなって暴力をふるってしまうものです。

そんな平和主義者の孔子が、大軍を率いて敵と戦ったり、軍や警察のトップである司法長官（大司寇）を任されたりするわけがないじゃないですか。やはり、孔子の武勇伝はすべて捏造とする前提に立たないと、『論語』で描かれている孔子像が破綻《はたん》してしまうのです。

もういいかげん、孔子を勇者や偉人や聖人として扱うのはやめてほしいものです。孔子はダメで弱くて、全力でダサいおっさんでした。でもその点にこそ、私は同じ弱い人間としてシンパシーを感じるんです。エラい孔子像には反発と嫌悪《けんお》しかおぼえません。

ダメな孔子となら、酒を酌《く》み交わして笑えるはずです。

参考文献一覧

◆『論語』のテキストは、以下の日本語訳五冊と英語訳を参考にしました。
『論語　全訳注』加地伸行　講談社学術文庫
『論語』金谷治訳注　岩波文庫
『論語』貝塚茂樹訳注　中公文庫
『現代語訳　論語』宮崎市定　岩波現代文庫
『論語新釈』宇野哲人　講談社学術文庫
"The Analects of Confucius" Translated by James Legge
(https://ebooks.adelaide.edu.au/c/confucius/c748a/index.html)

◆第1章
村松暎『儒教の毒』ＰＨＰ研究所
浅野裕一『儒教　ルサンチマンの宗教』平凡社新書

◆第2章
乾一夫「聖人の実像」（『国学院大學紀要』１９７３年３月）
『職業分類表』厚生労働省職業安定局

R・S・ブラック『プラトン入門』内山勝利訳　岩波文庫
プラトン『第七書簡』(『世界の名著7』プラトンⅡ) 長坂公一訳　中央公論社
楊逸『孔子さまへの進言　中国歴史人物月旦』文藝春秋
渡辺卓『古代中国思想の研究』創文社
『孟子』小林勝人訳注　岩波文庫
和辻哲郎『孔子』岩波文庫
『春秋左氏伝』小倉芳彦訳　岩波文庫

◆第3章

『漢詩鑑賞事典』石川忠久編　講談社学術文庫
高橋鍵彌『江戸取流「学力革命」』サンマーク出版
高橋鍵彌『12歳からの人づくり』致知出版社
『脳からみた学習　新しい学習科学の誕生』ＯＥＣＤ教育研究革新センター　小泉英明監修　小山麻紀、徳永優子訳　明石書店
F・E・ジムリング「ニューヨークはいかに犯罪を減らしたか」(『日経サイエンス』２０１２年1月号)
鈴木光太郎『オオカミ少女はいなかった』新曜社
畑村学「孔子にもの申す「意見文」の授業」(『論文集「高専教育」』第37号)
『内外教育』２００９年12月25日号
『サンデー毎日』２００４年8月29日号・9月5日号
『読売ウイークリー』２００４年9月12日号

高野陽太郎『「集団主義」という錯覚』新曜社
永井荷風『新版　断腸亭日乗　第二巻』岩波書店
『世事見聞録』武陽隠士　本庄栄治郎校訂　奈良本辰也補訂　岩波文庫
ファリード・ザカリア『アメリカ後の世界』楡井浩一訳　徳間書店
デーブ・グロスマン、ローレン・W・クリステンセン『「戦争」の心理学』安原和見訳　二見書房
『西遊記』中野美代子訳　岩波文庫

◆第4章

『新日本古典文学大系25　枕草子』岩波書店
『新編日本古典文学全集18　枕草子』小学館
『新編日本古典文学全集20～25　源氏物語』小学館
『今昔物語集』　東洋文庫　平凡社
『食の文化フォーラム日本の食・100年〈たべる〉』田村眞八郎・石毛直道編　ドメス出版
『荘子』倉石武四郎訳（『中国古典文学大系4』）平凡社
『徒然草』（『新編日本古典文学全集44』）小学館
松浦静山『甲子夜話』平凡社東洋文庫
鈴木理生『江戸の町は骨だらけ』ちくま学芸文庫
前田勉『江戸後期の思想空間』ぺりかん社
小島毅『朱子学と陽明学』放送大学教材
今泉雄作「昌平坂学問所に就いて」（『斯文』1920年8月号）

和島芳男『昌平校と藩学』至文堂
荻生徂徠『政談　服部本』平石直昭校注　平凡社東洋文庫
式亭三馬『浮世床』和田万吉校訂　岩波文庫
本田康雄『セミナー［原典を読む］1浮世風呂・浮世床　世間話の文学』平凡社
渡辺信一郎『江戸の生業事典』東京堂出版
「特集川柳江戸職業往来」（『国文学解釈と教材の研究』1964年9月）
石丸三亭「昌平坂学問所の話」（『旧事諮問録』東京帝国大学史談会編）
三浦了覚『禅と武士道　坤』小田栄吉

◆第5章

安彦正一「相互保険会社の成立過程と矢野恒太の儒教倫理（2）」（『日本大学国際関係学部研究年報』2003）
『矢野恒太伝　第3版』矢野恒太記念会
矢野恒太「一番華やかなる成功を博した「ポケット論語」と「芸者論」の感想」（『実業の日本』1928年1月号）
宮崎市定『論語の新しい読み方』岩波現代文庫
『日本の百年5　成金天下』今井清一編著　ちくま学芸文庫
『渋沢栄一伝記資料』第41巻・別巻第六　談話（一）　渋沢青淵記念財団竜門社
『平成24年の犯罪』警察庁
渋沢秀雄『明治を耕した話』青蛙房

佐野眞一『渋沢家三代』文春新書
『渋沢栄一を知る事典』渋沢栄一記念財団編　東京堂出版
笹倉一広「渋沢栄一『論語講義』の書誌学的考察」（『言語文化』2011年　一橋大学語学研究室）
ロバート・B・ライシュ『暴走する資本主義』雨宮寛・今井章子訳　東洋経済新報社

◆第6章

『荀子　下　新釈漢文大系6』藤井専英　明治書院
白川静『孔子伝』中公文庫
渡辺卓『古代中国思想の研究』創文社

著者略歴

イタリア生まれの日本文化史研究家、戯作者。公式プロフィールにはイタリアン大学日本文化研究科卒とあるが、大学自体の存在が未確認。父は九州男児で国際スパイ（もしくは某ハンバーガーチェーンの店舗清掃員）、母はナポリの花売り娘、弟はフィレンツェ在住の家具職人のはずだが、本人はイタリア語で話しかけられるとなぜか聞こえないふりをするらしい。ジャズと立ち食いそばが好き。

著書には『反社会学講座（正・続）』『誰も調べなかった日本文化史』（以上、ちくま文庫）、『13歳からの反社会学』（角川文庫）、『つっこみ力』（ちくま新書）、『「昔はよかった」病』（新潮新書）、『怒る！日本文化論』（技術評論社）、『ザ・世のなか力』（春秋社）、『偽善のすすめ』（河出書房新社）などがある。

エラい人《ひと》にはウソがある

——論語《ろんご》好《ず》きの孔子《こうし》知らず

二〇一五年一〇月一〇日　第一刷発行

著者　パオロ・マッツァリーノ

発行者　古屋信吾

発行所　株式会社さくら舎　http://www.sakurasha.com

東京都千代田区富士見一-二-一一　〒一〇二-〇〇七一

電話　営業　〇三-五二一一-六五三三　FAX　〇三-五二一一-六四八一

編集　〇三-五二一一-六四八〇　振替　〇〇一九〇-八-四〇二〇六〇

装丁　アルビレオ

装画　中崎タツヤ（『じみへん②』小学館刊）

印刷・製本　中央精版印刷株式会社

ISBN978-4-86581-029-5